MOTO mania

HOLGER AUE

MOTO mania

SAMMELBAND 1-3

Eichborn

Die in diesem Buch enthaltenen Bände *Motomania 1* und *Motomania 3* sind zum Preis von je € 12,95 auch als Einzelbände erhältlich; *Motomania 2* ist derzeit leider nicht lieferbar.

1 2 3 4 08 07

Druck und Bindung: Fuldaer Verlagsanstalt, Fulda
ISBN 978-3-8218-3671-3

Verlagsverzeichnis schickt gern:
Eichborn Verlag, Kaiserstraße 66, 60329 Frankfurt am Main
www.eichborn.de

MOTO mania

MOTO mania
MEINE DAMEN UND HERREN, HIER IST THOMAS SCHROTTKALK! ICH FREUE MICH, IHNEN HEUTE DIE HAUPTAKTEURE DER FOLGENDEN EREIGNISSE VORSTELLEN ZU DÜRFEN UND BEGRÜSSE ZUNÄCHST...
... HARRY QUIDDELBACHER MIT SEINER 750er LAVERDA! ..... ÄHEM!... HARRY QUIDDELBACHER!!
AH, DA IST ER JA... WIE GESAGT, MIT DER 750er LAVERDA... EHM... DIE GENAUE MODELLBEZEICHNUNG LÄSST SICH NICHT MEHR NACHVOLLZIEHEN BEI DIESEM ZUSAMMENGESCHUSTERTEN GERÄT.
MOMENT NOCH, MIR IST GERADE DER GASZUG GERISSEN!
LAVERDA
750
NA GUT, ALSO DANN HABEN WIR HIER HINNERK „WHEELIE" WIPPERMANN AUF SEINER CAGIVA ELEFANT 900 i.e., DER UNGEKRÖNTE KÖNIG DER SCHRÄGLAGE!
BRAAAA
DER NÄCHSTE IST BERND „BREMBO" BREIDSCHEID MIT DER EIGENBAU-RAU-KAWASAKI...
JETZT PASST MAL AUF!
WAR DAS EBEN GUT SO?
CAGIVA
BADAM BADAM
HAU AB, DU DUMMBATZ, DU VERSAUST MIR MEINEN AUFTRITT!!
CAGIVA

HALLO, ICH HÄTTE DA NOCH EINE FRAGE: SOLL ICH VON RECHTS ODER VON LINKS INS BILD KOMMEN?
VROM
BOLOM BOLOM BOLOM
MOOMENT MAL...
WIESO IST HINNERK DER SCHRÄGLAGENKÖNIG ?? DAS MUSS ABER ERST NOCH BEWIESEN WERDEN!
HA! TÖNT HIER RUM, DER HUBRAUMZWERG!
ICH WÄR DANN JETZT SOWEIT!
KÖNNT IHR JETZT VIELLEICHT MAL EURE SCHROTTHAUFEN DA WEGNEHMEN, DAS IST MEIN AUFTRITT!
SCHROTTHAUFEN?
GRRR!
BONK
HALT, STOP, AUFHÖOREEN!! JETZT REISST EUCH DOCH MAL ZUSAMMEN! WAS SOLLEN DENN DIE LESER DENKEN? WIR MACHEN JETZT 10 MINUTEN KAFFEEPAUSE UND DANN FANGEN WIR NOCH MAL VON VORNE AN, KLAR?
SO! KÖNNEN WIR? SIND ALLE SOWEIT?
JAA!
WAS?
MEINE DAMEN UND HERREN, BEGRÜSSEN SIE MIT MIR BERND „BREMBO" BREIDSCHEID MIT SEINER...
OH!... ÄH... ICH? JETZT SCHON?
NUN, ALSO, KOMMEN WIR DANN EBEN GLEICH ZU „DUC" DÖTTINGER AUF DER DUCATI PANTAH 500! ER VERSUCHT MANGELNDE LEISTUNG DURCH EXTREM HOHE DREHZAHLEN WETTZUMACHEN.
PUH! EIN GLÜCK, DER ROTE BEREICH IST VORBEI!
ROOAAAK

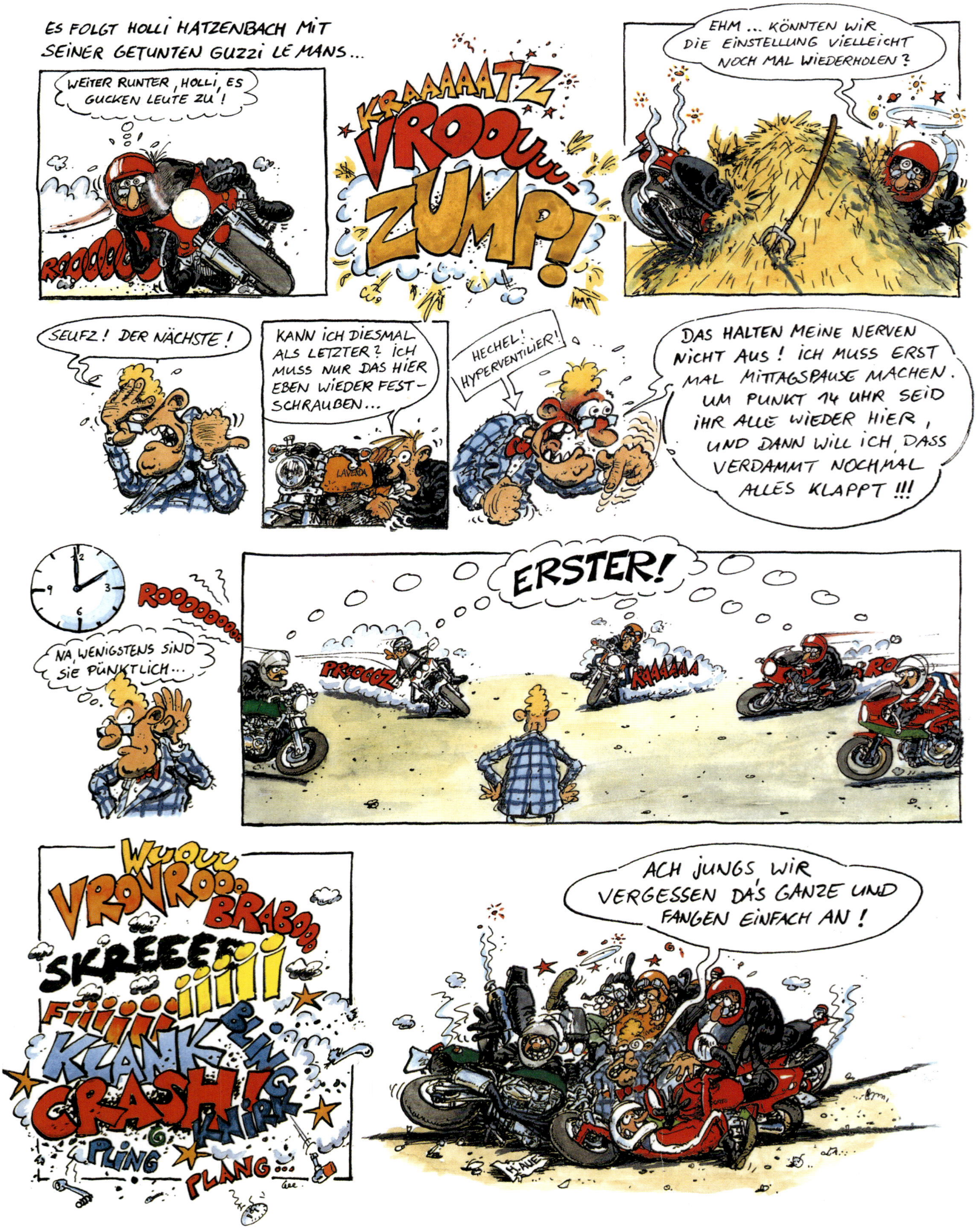
ES FOLGT HOLLI HATZENBACH MIT SEINER GETUNTEN GUZZI LE MANS...
WEITER RUNTER, HOLLI, ES GUCKEN LEUTE ZU!
KRAAAAAATZ
VROOUUU-ZUMP!
EHM ... KÖNNTEN WIR DIE EINSTELLUNG VIELLEICHT NOCH MAL WIEDERHOLEN?
SEUFZ! DER NÄCHSTE!
KANN ICH DIESMAL ALS LETZTER? ICH MUSS NUR DAS HIER EBEN WIEDER FESTSCHRAUBEN...
LAVERDA
HECHEL! HYPERVENTILIER!
DAS HALTEN MEINE NERVEN NICHT AUS! ICH MUSS ERST MAL MITTAGSPAUSE MACHEN. UM PUNKT 14 UHR SEID IHR ALLE WIEDER HIER, UND DANN WILL ICH, DASS VERDAMMT NOCHMAL ALLES KLAPPT!!!
ROOOOOOOOO
NA, WENIGSTENS SIND SIE PÜNKTLICH...
ERSTER!
PRROOOOZ
KRAAAAAA
WUOUU
VRONROOO
BRABOOO
SKREEEE
FIIIIIIIII
KLANK
BLING
CRASH!
KNIRK
PLING
PLANG...
ACH JUNGS, WIR VERGESSEN DAS GANZE UND FANGEN EINFACH AN!

ECHT KLASSE, MEINE NEUEN KONTAKTLINSEN, KEINE BRILLE MEHR, DIE UNTERM HELM DRÜCKT...
MEINE FRESSE, FÄHRT DER LAHMARSCHIG DA VORNE.
BROOOO
KEINE BULLEN IN SICHT...?
ACH DU SCHEISSE!
FLUTSCH
FLIP
NA EGAL, DIE STRECKE NACH HAUSE KENN ICH IM SCHLAF
ALSO, ERSTMAL DA VORN RECHTS IN DIE BAHNHOFSTRASSE...
MANN, WAS SOLL DAS DENN, SCHON WIEDER NE BAUSTELLE, DIE WERDEN HIER JA WOHL NIE FERTIG.
RÖHR
FUSSGÄNGER-ZONE
SO, DAS WAR DIE ABKNICKENDE VORFAHRT...
AH, DIE AMPEL IST GRÜN, DAS PASST!
BRÜLL
AUSSER BETRIEB

BROCH
VROOOOOOOOOOOAAAA
SCHRUNZ!
JETZT NOCH DURCH DEN TUNNEL, DANN BIN ICH GLEICH DA...
CAR-WASH
EINFAHRT
SCHNEEREGEN IM MAI, DAS WETTER WIRD AUCH IMMER VERRÜCKTER, TZ-TZ...
GESCHAFFT! UND AB IN DIE GARAGE.
WALDI
VERDAMMT, WO IST MEINE BRILLE? ICH WEISS GANZ GENAU, DASS ICH SIE HIER IN DIE NACHTTISCH-SCHUBLADE GELEGT HABE...
KASSE 1
UNWESENTLICH SPÄTER:
ABER MEINE HERREN, ICH KANN ALLES ERKLÄREN...

70
HEUTE WERD' ICH DIESEN HEIZERN MAL EINEN GEHÖRIGEN SCHRECKEN EINJAGEN
ZEI
HÖ HÖ HÖ
ZIP!
AHA! DA KOMMEN SCHON DIE ERSTEN
VROOOOO
1 a VERSTECK
BROOOO
TUCKER TUCKER
PUT PUT PUT
DAS HAT GEWIRKT, GNEHEHE
PÄNG!
DEN HAMMER DERWISCHT, POLDI!
A KAPITALER BOCK
OOUAAOOUUU
JO SAKRA, WOS ISN ETZ DES?
RRRAAOOOUAAAAARR
POLIZEI
BRAOOOO
Hoh! ZEITUNG
WAIDWUNDER HIRSCH FLIEHT AUF POLIZEIMOTORRAD!
NEUE STUFE DER EVOLUTION?
SKANDAL
Pfui
AUGENZEUGE ERWIN K.
H. AUE 94

RUHE!
JOGHURTBECHER!
HÖ HÖ!
ÄH...
BRAAAA
SAJONARA! NA, IST DER REIS SCHON GAR?
WOMIT LÄUFT DENN DEIN QUARKMIXER? MIT RECHTSDREHENDER MILCHSÄURE? HARHAR!
HIER, KLEINER TIP FÜR DEN NOTFALL!
JAPANESE MOTORCYCLE REPAIR KIT
AVERDA
750
... UND DENK DRAN: WENN DER TANK LEER IST, GEHÖRT DIE MÜHLE IN DIE WERTSTOFFTONNE!
NICHWAHR, JUNGS?
JUNGS.?
Eis Café
IHR MÜSST DOCH MAL BESCHEID SAGEN, WENN IHR ABBIEGT!
H. AUE 94

MORGEN MUSS ICH ZUM VERKEHRSAMT! OHA, WENN ICH DA ANS LETZTE MAL DENKE... MEINE RAU-KAWA HATTE ICH GERADE FERTIG UND FRISCH DURCH DEN TÜV. MIT DER ALLERBESTEN LAUNE FUHR ICH MORGENS LOS...
BITTE SEHR, SCHÖNE FRAU! IST DAS NICHT EIN WUNDERVOLLER MORGEN?
VERKEHRSAMT
SCHLUCK!
SCHALTER 3
ENDLICH:
SO, WAS HABEN WIR DENN HIER? DECKUNGSKARTE, PERSONALAUSWEIS, ABMELDEBESCHEINIGUNG, MURMEL, MURMEL... ALSO, SIE GEHEN JETZT ERST MAL ZUR KASSE IM 4. STOCK UND BEZAHLEN DIE GEBÜHREN. ÜBRIGENS, DER AUFZUG IST KAPUTT!
1x RAUF UND RUNTER SPÄTER
SO, BEZAHLT IS'!
FEIN, FEIN, DANN LASSEN SIE SICH JETZT BEIM SCHILDERDIENST AUF DER ANDEREN STRASSENSEITE EIN NUMMERNSCHILD MIT DIESER NUMMER MACHEN.
SCHILDERDIENST
AAAH! WAS SOLL DAS DENN?
DIE NUMMER STAND AUF DEM ZETTEL...
HH WW 4483
ACH, SIE WOLLEN EINE KURZE NUMMER? NA, DAS HÄTTEN SIE MIR DOCH GLEICH SAGEN MÜSSEN! JETZT HAB ICH JA HIER SCHON ALLES EINGETRAGEN. WENN ICH DAS ÄNDERN MUSS, KOSTET ES 20 DM GEBÜHR! ZU ZAHLEN AN DER KASSE IM 4. STOCK, ÜBRIGENS, DER AUFZUG IST KAPUTT...
TJA, HERR BREIDSCHEID, ICH HABE HIER EINEN FEHLER ENTDECKT. AUF IHREM TÜV-BERICHT STIMMT DIE FAHRGESTELLNUMMER NICHT...
WAS?
HIER STEHT 143256 CC, UND IM BRIEF HEISST ES 143256 CG, DAS GEHT SO NICHT!
EIN SCHREIBFEHLER! DA FEHLT DOCH NUR DAS TÜTTELCHEN AM G! SONST STIMMT DOCH ALLES!
TJAHAA, DAS SAGEN SIE! DAMIT MÜSSEN SIE NOCHMAL ZUM TÜV, DIE SOLLEN DAS KORRIGIEREN.
DAS DARF DOCH NICHT WAHR SEIN!
HÖREN SIE, JUNGER MANN, ICH HABE DIE VORSCHRIFTEN NICHT GEMACHT!

GRMBL... STECK DIR DEINE VORSCHRIFTEN DOCH IN....
WOAR WOUAR
GEHT DAS VIELLEICHT AUCH ETWAS SCHNELLER?
VERKEHRSA
WOAA
NACH 2 STUNDEN:
ICH HAB SIE! ICH HAB DIE ZULASSUNG!!
SO, HIER IST DER WISCH!
FEIN, FEIN, FEIN... DA WÄRE JETZT NUR NOCH EINE KLEINIGKEIT...
WAS DENN NOCH?
IHRE VERSICHERUNGS-DOPPELKARTE! SIE HABEN HIER DIE ALTE VERSION. SEIT 1. JANUAR GELTEN NUR NOCH DIE NEUEN. DA MÜSSEN SIE EBEN MAL SCHNELL ZU IHRER VERSICHERUNG!
PLATZ DA, DU SCHLAMPE!
EINE GEHETZTE HALBE STUNDE SPÄTER
SO, JETZT HAB ICH ABER ALLES ZUSAMMEN!
VERKE AMT
NEIN!
AMT
ÖFFNUNGSZ MO-FR 9-13
AM NÄCHSTEN MORGEN:
SO, WAS HABEN WIR DENN HIER? KFZ-BRIEF, PRÜFBERICHT, DECKUNGSKARTE... MURMEL, MURMEL... SCHEINT SOWEIT ALLES IN ORDNUNG ZU SEIN, PERSONALAUSWEIS, MHMM...
JA! JA! JA!
TJA, HERR... ÄH... BREIDSCHEID, IHR PERSONALAUSWEIS IST ABGELAUFEN!
WAWAWAS?
GÜLTIG BIS 3.5. DIESES JAHRES, UND HEUTE IST DER 4.5. ...
WÄREN SIE DOCH GESTERN GEKOMMEN!
Hohl ZEITUNG
AMOKLÄUFER DEMOLIERT VERKEHRSAMT!
Sachbearbeiterin Herta B.: ER WARF SOGAR MIT STEMPELN!
STEFFI
H. AUE 94

ALSO, BEI IHNEN IST SOWEIT ALLES IN ORNUNG, NUR IHRE BLUTGRUPPE IST ETWAS ... ÄH ... MERKWÜRDIG.
SO? WELCHE HAB ICH DENN?
15 W-40!
1,0
H. AUE 94

MENSCH! KLASSE, DASS DU GERADE KOMMST!
BOBOBOBO BOBOBO
KANNST DU MEINE SCHWESTER EBEN ZUM BAHNHOF FAHREN? ICH WÜRD'S JA SELBER TUN, ABER DU SIEHST JA, MEIN GESPANN....
KLAR, MACH ICH!
OKAY, ICH HOL SIE!
HALLO! ICH BIN DIE SUSI!
SCHLUCK! MEINE STOSSDÄMPFER!
KLING! DM 350,-
KNARZ
BOBOBOBO
HUCH! DU WILDER!
BRAO
KNIRSCH
HINTERREIFEN DM 220,-
KRATZ KRATZ KRATZ KRATZ
ROOOOOOOOOOOOO
AUSPUFF-TOPF DM 590,-
SCHRÄAAP
BREMSBELÄGE DM 100,-
QUIIIIIIIIIIEEEIIIIEK
HE, SEIT WANN HAST'N DU KOFFER AN DEINER MÜHLE?
SO, DA SIND WIR!
UFF!
HACH, BIST DU EIN TOLLER FAHRER! SO SPORTLICH!
DB
DANKE FÜRS FAHREN! DU BIST EIN RICHTIGER SCHATZ!
WEISST DU, ICH HAB NOCH EIN PAAR TAGE URLAUB! UND JETZT, WO ICH DICH GETROFFEN HAB', KÖNNTE ICH DOCH NOCH HIERBLEIBEN! WIR MACHEN UNS EIN PAAR SCHÖNE TAGE UND...
BRAAAAAAAAA
H. AUE 94

HALLO CHRISTINE!
BRA DA BRADA
NA, GIBTS ÄRGER MIT DER TRUDE?
EIGENTLICH NICHT, NUR IM LEERLAUF LÄUFT SIE NICHT SAUBER. ICH CHECK' GRAD' MAL ALLES DURCH.
DA MUSST DU MAL BRENNRAUMREINIGER IN DEN TANK KIPPEN, DAS WIRKT WUNDER!
QUATSCH, DA IST IRGENDWAS VERSTELLT ODER VERDRECKT, MEHR NICHT!
BITTESCHÖÖN, WENN DU NICHT AUF MEINEN RAT HÖREN WILLST... ICH HALT MICH DA RAUS...
RIK RIK RIK
KLING
...IST JA NICHT MEIN MOTORRAD...
ICH JEDENFALLS WÜRDE...
JAA, JAA, IS JA GUT! SCHADEN KANNS WOHL NICHT. IN DER GARAGE AUF DEM REGAL STEHT SO'N ZEUG, DAS HAB ICH MAL GESCHENKT BEKOMMEN, IST NOCH ORIGINALVERPACKT.
SOLLST MAL SEHEN, DAS FETZT ALLE ABLAGERUNGEN WEG, UND DANN SCHNURRT SIE WIEDER.
KOMISCHE MARKE, KENN ICH GAR NICHT: „YVES SAINT-LAURENT."
AAAH! DU DÄMLICHER VOLLIDIOT! DAS WAR DAS SAUTEURE PARFUM, DAS ICH HEUTE FÜR MEINE MUTTER ZUM MUTTERTAG GEKAUFT HABE!!
ABER ICH DACHTE...
WIE KANN EIN EINZELNER MENSCH NUR SO BLÖD SEIN?!
GRAPSCH
ALSO, DU KANNST SAGEN WAS DU WILLST, FRAUEN AUF MOTORRÄDERN HABEN IRGENDWIE EINE GANZ BESONDERE AUSSTRAHLUNG!
H. AUE 94

P
POLIZEI
DONNERWETTER, HERR WACHTMEISTER, DAS IST WOHL EINE GANZ MODERNE POLIZEIMASCHINE, WAS?
JAWOLL, DIE HAB ICH HEUTE ERST BEKOMMEN: BMW K 75, 80 PS UND MIT ALLEN SCHIKANEN AUSGESTATTET: HOCHLEISTUNGS-FUNKANLAGE...
PIIIIEP... KRRRZT-DÜDELÜT...
POLIZEI
...ELEKTRISCH AUSFAHRBARES STOPSIGNAL...
IS' NICH WAHR
PIIIIEP- PETER 45 FÜR KRRRZ...
KLACK!
BLINK BLINK
...SOGAR EINE GRIFFHEIZUNG FÜR KALTE TAGE...
WAS ES HEUTE SO ALLES GIBT
FIIIUUIII... KIRK AN BRÜCKE... KRRZZ
BLINK
BZZZ
BLINK
...UND HIER DAS TOLLSTE: EIN EINGEBAUTES RADARGERÄT MIT VIDEOKAMERA!
DOLL!
KRUIIIK- NDR 2 - DIE MORGENANDACHT... FRRRZ
FIIIIIII WRRRRR
BZZZ
UND NATÜRLICH BLAULICHT UND MARTINSHORN!
LALÜ LALÜ!
BZZZ
P
KRRZ PIEP!
ROOOOAAA WUOAAA
BZZZ
DIE SCHNAPP ICH MIR!
LALÜ LAAAALÜÜ LOOOLÜÜOO...
WIWIWI WI-WWWI WUO-WUO ...KRRK- ...KRRK!
POLIZEI
TE-HE!
SCHMOR BRITZEL!
PLOF!
HABEN SIE MAL 30 PFENNIG, DAMIT ICH MIR EIN TAXI RUFEN KANN?
POLIZEI
ZISCHHHHHH
WIR GEBEN NIX!
H. AUE 94

DONNER-KEIL!
SO, NOCH DIE NEUE STEUERKETTE, DANN ISSE FIT FÜRS RENNTRAINING MORGEN IN ASSEN!
BLOSS DEN KLEINEN KEIL FÜRS KURBELWELLENZAHNRAD NICHT VERLIEREN...
FO...
...UMP MEPFP AMMEF MIEDER PFUFAMMEN...
ROP ROP
VROM
BODOM BODOM
QUIIIIIIIIIEEK!
HALLO ALTER! STÖR' ICH?
KLATSCH!
?
UMPF!
DER KEIL! ICH HAB DEN KEIL VERSCHLUCKT!
KEIL?
WIE SOLL ICH JETZT DIE KISTE BIS MORGEN ZUSAMMENKRIEGEN? O SCHEISSE, SCHEISSE, SCHEISSE!
ÜBEL...
ICH WÜSSTE DA WAS...
RHIZINUS ÖL
SCHÖNE SCHEISSE!

STUNDEN SPÄTER...
NA, WIE SIEHTS AUS?
BATTLE OF THE TWINS
RHIZIN
NOCH SPÄTER ...
HE, ES HAT GEKLAPPT! HIER ISSER!
DA, OBEN RECHTS!
O JA!
LOS, HOL RAUS!
DA FASS ICH DOCH NICHT REIN!
ICH HOL NE ZANGE!
SO, JETZT GEHTS IHM AN DEN KRAGEN!
NA, DENN MAN LOS!
SCHLOOOOOARK!
H. AUE 94

WAS HAT ER GESAGT?
ER SAGTE: „JETZT ZEIG' ICH EUCH MAL, WIE MAN DAS MACHT!"
KRA-TSCHUMPF!
DUCATI
H. AUE 94

SCHEISS-KARRE!
HÖREN SIE MAL, HERR NACHBAR! SO GEHT DAS HIER NICHT WEITER MIT IHREM KRAD! DER GANZE BODEN IST VOLLER ÖLFLECKEN! UND DIESER KRACH UND GESTANK IMMER! DIESE DRECKSKISTEN GEHÖREN SOWIESO VERBOTEN, JAWOLL!
JA, JA!
LECK MICH AM ARSCH!
BRADA BRADABRA BRADA BRADA BRADABRA
1 SONNTAG SPÄTER
MIST! DER BENZINHAHN LECKT! JETZT IST DER GANZE SPRIT AUSGELAUFEN! O MANN, DAS GIBT WIEDER ÄRGER!
ZUM GLÜCK IST DER ALTE FETTSACK GRAD BEIM MITTAG-ESSEN...
SCHNELL REIN DAMIT, DANN KRIEGT ER GAR NICHTS DAVON MIT!
SO! JETZT KRIEGT ER DEN LETZTEN SCHLIFF!
BAOUM!
SO GEHTS ABER NICHT, HERR NACHBAR! SO EIN KRACH UND GESTANK UM DIE MITTAGSZEIT! UND SEHEN SIE SICH MAL DEN RIESENFLECK AUF DEM BODEN AN, ALSO WIRKLICH!
H. AUE 94

OKAY, ALLES KLAR, BIS NACHHER!
ALSO, WIR TREFFEN UNS MIT DEN JUNGS UM 15 UHR AUF DEM WALDPARKPLATZ IN SCHNIRKELHAUSEN.
AUF GEHTS!
MIST! DAS SIND 20 Km UMWEG ÜBER DIE HINTERLETZTEN DÖRFER!
Umleitung
SO IST ES...
HERTA, BEI FUSS!
MÖÖH
BÄH
BLÖK
DA HINTEN WIRDS SCHON WIEDER HELL...
WOW! HALLO, HALLO!
i-iii
KRAK
BLADING
BROF!
PLING
PLANG!
HA-HA-HA, IST GAR NIX PASSIERT, MÄDELS.. HO, HO... DAS WAR JA'N DING...
25 Km WEITER:
SEEMANNSBRAUT IST DAS MEER...
Fähre
AUCH DAS NOCH!
ENDLICH...
DA KOMMEN SIE.
ANDERTHALB STUNDEN ZU SPÄT!
PUH! IHR GLAUBT NICHT, WAS UNS ALLES PASSIERT IST!
JA, JA, NATÜRLICH, ÜBERALL UMLEITUNGEN UND STAUS...
WAHRSCHEINLICH IST AUCH NOCH DIE KANALFÄHRE GESUNKEN, HUAA-HUAA!
STUNDENLANG VORM SPIEGEL HABT IHR GESTANDEN!
HIER NOCH NE CREME, DA NOCH NE LOTION...
WELCHE KOMBI SOLL ICH HEUTE NÜR ÖNZÜHN?
H. AUE 94

UDO ZUBATKE, SIE HABEN HEUTE DEN 5. LAUF ZUR MOTO-CROSS-WM GEWONNEN! SIE GELTEN ALS EIN SEHR ANALYTISCHER FAHRER, DAMIT KONTERKARIEREN SIE DEN STANDPUNKT DER TECHNOKRATEN, DASS PRIMÄR DIE ÜBERLEGENHEIT DES EQUIPMENTS ZÄHLE! EINDRUCKSVOLL DIE PHASE NACH DEM START, ALS SIE SICH MIT VERVE UND HOHER FAHRERISCHER INTELLIGENZ IHREN WEG AUS DEM MOLOCH DES BRODELNDEN KAMPFGETÜMMELS BAHNTEN! KANN MAN SAGEN, DASS SIE ZUR AVANTGARDE EINES GANZ NEUEN STILS GEHÖREN?
JO, IMMER VOLL ROHR, EY!
1
H. AUE 93

ER GEHT REIN, ER GEHT REIN! WIR KÖNNEN!
ENDLICH, ICH KANN'S NICHT MEHR HALTEN!
ALLES VERBOTEN
ACHTUNG PISSENDER HUND
OG
YCLE
SCHEISS-JOB!
H. AUE 94

EIS-CAFE Amore
WER IST DAS DENN?
DAS IST RÜDI. ABSOLUTER HIGH-TECH-FREAK. WENN'S IRGENDWAS NEUES GIBT, HAT ER ES ALS ERSTER.
LUIGI, EINMAL STRACCIATELLA GORGONZOLA MIT SAHNE!
PRONTO RÜDI!
HE LEUTE, SEHT MAL, WAS ICH MIR ZUGELEGT HABE, DER ABSOLUTE KNALLER: EIN AIRBAG-KOMBI!
EIN WAS?
DER ANZUG IST RAUMFAHRTGETESTET! SOBALD ICH 'NEN ABFLUG MACHE, WIRD MITTELS DIESER AM MOTORRAD EINGEKLINKTEN REISSLEINE EIN VENTIL GEÖFFNET UND - „PUFF" FÜLLT DIESE DRUCKPATRONE DEN ANZUG MIT LUFT UND ES FOLGT EINE BUTTERWEICHE BLITZARTIG LANDUNG.
EH RÜDI, EISEBECHER ISE FERTIG!
KOMME!
ZING!
PUFF!
FUNKTIONIERT TATSÄCHLICH.
EIS-CAFE Amore
ICH HÄTTE FRAGEN SOLLEN, WIE MAN DIE LUFT WIEDER ABLÄSST...
-CAFÉ
PAFFFFFFF
KLIRR!
PFFFURRRRRZ
FFFFFFUUURRRRRRZ
ACH, DAS MEINT ER MIT „RAUMFAHRTGETESTET"
H. AUE

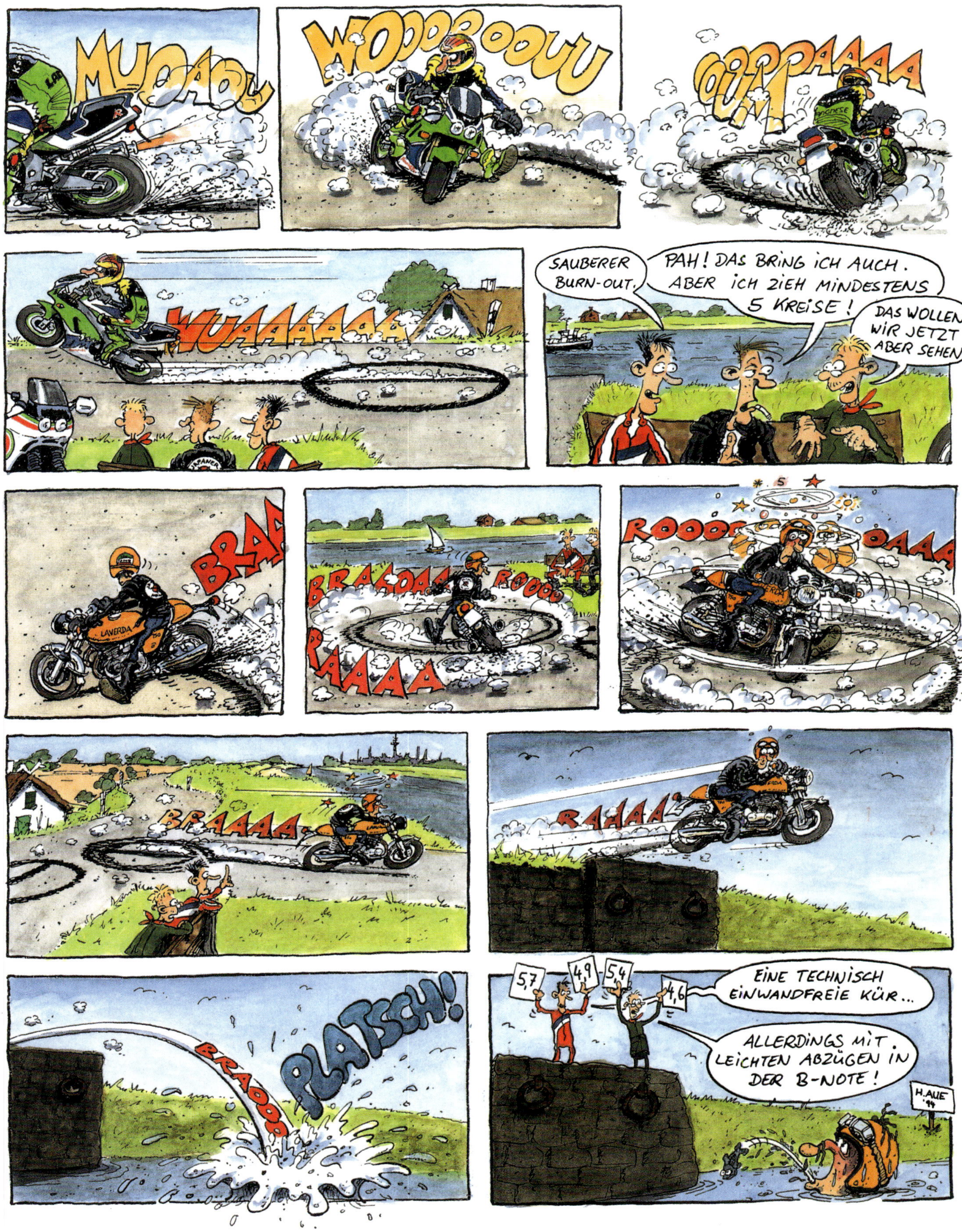
WUAAAAAAA
SAUBERER BURN-OUT.
PAH! DAS BRING ICH AUCH. ABER ICH ZIEH MINDESTENS 5 KREISE!
DAS WOLLEN WIR JETZT ABER SEHEN
LAVERDA
RAAAAA
BRAAAAA-
PLATSCH!
5,7
4,9
5,4
4,6
EINE TECHNISCH EINWANDFREIE KÜR...
ALLERDINGS MIT LEICHTEN ABZÜGEN IN DER B-NOTE!
H. AUE '94

JETZT WOLLEN WIR ABER MAL SEHEN, WO DER BARTELS DEN MOST HOLT!
DER NÜRBURGRING
ROOO
VROOOAH
Fuchsröhre
GIB ALLES, BERND, GIB ALLES!!
SCHLUCK! STEHENLASSEN, HOLLI, VOLL STEHENLASSEN!
ROAAAH
ANFÄNGER!
ROOAR
WUOOOAAH
WUOOOOAO
...UND BINGO!
MIST!
DER VORSPRUNG SOLLTE REICHEN!
GRRR!
SO, JETZT NOCH DIE LANGE GERADE... DER TOURI-BUS DA VORNE KOMMT MIR SEHR GELEGEN
SPITZENMÄSSIGER TRICK
WO IST DER KERL? SO WEIT WEG KANN ER DOCH GAR NICHT SEIN!
WUOOA
GESCHA-HAFFT! NU ABER SCHNELL HER MIT DEN REQUISITEN...
GRING
COUNTDOWN: 10... 9... 8... 7... 6... 5... 4... 3... 2... 1... 0!
FLUP
ZUPF
GA-ZIP
GLU GLU GLU
KNACK
MANN, KOMMST DU AUCH SCHON? HAST DU UNTERWEGS NOCH DIE KETTE GESCHMIERT ODER WAS?
H. AUE 94

ALSO, DAS RAM-AIR-SYSTEM AN DER ZZ-R IST ECHT NE FEINE SACHE, BRINGT TOPSPEED TOTAL! UND MIDRANGE-POWER HAT DAS TEIL, DAS GEHT ECHT STARFIGHTERMÄSSIG AB!
MIT DER FIREBLADE MACH ICH WHEELIES BIS IN DEN DRITTEN GANG! NA JA, HAB AUCH MIKUNI-FLATSLIDES UND NE VANCE & HINES-RACING-FOUR-IN-ONE DRAN...
WIE ISN DAS HANDLING?
PERFEKT! DIE BRIDGE-STONE BT50 BIETEN UNGLAUBLICHEN GRIP! OKAY, BEIM RAUSPOWERN ÜBER BODENWELLEN GIBTS LEICHTES KICKBACK, ABER SONST...
BEI MEINER TRITT MANCHMAL MINIMALES CHATTERING AUF. HAB SCHON ÜBERLEGT, MIR NE UP-SIDE-DOWN-GABEL ZU KAUFEN!
...FÄHRST DU EIGENTLICH HANGING-OFF?
KLAR, BIN DAUERND MIT DEN KNEEPADS AM BODEN!
WSS WSS
AUCH NE LIGHT?
DANKE, ICH HAB MEINE ROLLS!
AHM... SORRY, DO YOU SPEAK ENGLISH?
WAS WILL ER?
VERSTEH' KEIN WORT!
H. AUE 94

...HAMBURG: WIE JEDES JAHR IM MAI SIND ZEHNTAUSENDE ZUM MOTORRADGOTTESDIENST GEKOMMEN! UTE NADOPNIK IST FÜR UNS DABEI UND BEFRAGT DIE... ÄHEM.. STIMME DES VOLKES...
WIE SCHNELL IST DENN IHR MOTORRAD?
305!
O GOTT, SO SCHNELL FAHREN SIE ABER DOCH SICHER NIE, ODER?
NA LOGISCH! SONST KANNICH JA GLEICH MIDDE U-BAHN FAHN!
H. AUE 94

GUTE REISE!
OH MANN, ICH MUSS MICH BEEILEN, UM ACHT BIN ICH DOCH MIT WILLI VERABREDET!
LAVERDA
WO BLEIBT HARRY BLOSS? WIR MÜSSEN DOCH NOCH MEINEN GANZEN KRAM AUFLADEN.
NA ENDLICH!
BRO BRO BRO
TUT MIR LEID, GING NICHT SCHNELLER, ICH MUSSTE NOCH DAS VIELE GEPÄCK VERRÖDELN. ABER DU MUSSTEST JA SOWIESO NOCH DEN SPERRMÜLL RAUSSTELLEN.
WIE, SPERRMÜLL?
LAVERDA
2 STUNDEN SPÄTER
...ABER WIR WOLLTEN DOCH UNTERWEGS WASCHEN!
Senil
NOCH SPÄTER
SO, AUF GEHTS NACH BELLA ITALIA!
JETZT BIN ICH ABER MAL GESPANNT, WIE MEIN ERSTER MOTORRADURLAUB WIRD.
ES GIBT NICHTS BESSERES!
BRAM
IST DAS NICHT HERRLICH? DIE SONNE BRENNT, DIE LUFT RIECHT NACH SOMMER, DER MOTOR BRUMMELT...
BROOOOOOO
BROOO PAF BROBRO-BROB SPOTZ BROB
WAS IST JETZT?
SPRIT IST ALLE! JETZT DREH ICH DEN BENZINHAHN AUF RESERVE...
PAF BROP
...UND DANN FAHREN WIR GANZ LOCKER DIE NÄCHSTE TANKSTELLE AN...
OH, SCHEISSE!
WAS DENN?
ER STAND SCHON AUF RESERVE!
UND WAS BEDEUTET DAS?
DASS WIR KEINEN TROPFEN BENZIN MEHR HABEN!!
5 km
ROAR

DU IDIOT! WIE KANN MAN NUR SO BLÖD SEIN ?!
ÄCHZ
DAS IST MIR NOCH NIE PASSIERT... DER TANK RESTLOS LEER...
STÖHN
NUR NOCH 3 km
ZUM GLÜCK! STELL DIR VOR, DER WÄR VOLL, DANN HÄTTEN WIR NOCH 20 kg MEHR ZU SCHIEBEN!
WER HIER WOHL BLÖD IST!
ENDLICH:
JETZT HABEN WIR SCHON SO VIEL ZEIT VERLOREN... LASS UNS DIE NACHT DURCH FAHREN, DANN SIND WIR MORGEN IN DEN ALPEN.
IST GUT, DANN IST ES AUCH NICHT MEHR SO HEISS
ROOO
SCHEISSE!
WAS'LOS?
DAS LICHT GEHT NICHT MEHR!
SCHEISSE!
PROOPROOOOPROO
WO IST DENN JETZT DAS WERKZEUG?
GANZ UNTEN IM SEESACK
NA TOLL! GIB MIR MAL DIE TASCHENLAMPE, ICH SEH NIX!
ÄH... DIE IST IN DER WERKZEUGTASCHE...
EINE STUNDE SPÄTER
WOLLTEST DU NICHT DIE REPARATURANLEITUNG EINSTECKEN?
NOCH 1 1/2 STUNDEN SPÄTER
HA! ICH HAB'S! DIE SICHERUNG IST DURCH!
HABEN WIR DENN WELCHE DABEI?
ÄH...
PLING

AM NÄCHSTEN MORGEN
OH MANN. ALLES VERSAUT!
ICH BRAUCH JETZT'N KAFFEE!
DAS KAFFEEPULVER IST PATSCHNASS!
MEINE HOSE AUCH...
ALSO LOS, PACKEN WIR ZUSAMMEN UND SUCHEN UNS NE KNEIPE!
JETZT FAHREN WIR SCHON ZWEI STUNDEN, UND ALLE GASTHÄUSER HABEN ZU. ICH HAB HUNGER!
DER IMBISS DA VORN SCHEINT OFFEN ZU SEIN.
AH, ESSEN IN SICHT, DAS HEBT DOCH GLEICH DIE STIMMUNG!
MEINE HOSE IST AUCH FAST TROCKEN...
SPLOSH!
HIER, MACH MAL FRISCHEN KARTOFFELSALAT!
OCKWURST 2,50
RATWURST 3,—
SÜLZWURST 2,50
BLUTWURST 2,30
SCHASCHLIK 4,50
POMFRITTS
KETSCHAP
MAYO
ARTOFFELSALAT
ZWEI KAFFEE UND ZWEI HALBE HÄHNCHEN MIT FRITTEN!
FÜR MICH DAS GLEICHE!
HÄHNCHEN UND FRITTEN SIND AUS!
WAS GIBTS DENN?
BRATWURST UND KARTOFFELSALAT.
FLAP
ÄÄÄH... BRATWURST!
NA MEINE HERREN, SCHMECKT'S? ... JA, WO SIND SIE DENN?
YUUEEERG!

DIVERSE MAGENUMDREHUNGEN SPÄTER:
GEIL, DER ERSTE PASS!
ITALIE
COL DU GD. ST. BERNARD
OUVERT
ZIGARETTEN-PAUSE!
BOH, GUCK MAL, MÄDELS MIT MOTORRÄDERN!
P
LAVERDA
NA, IHR SÜSSEN, GANZ ALLEINE UNTERWEGS IN DER WEITEN WELT?
FAHRT IHR AUCH NACH ITALIEN?
NEE, NACH HAWAII!
PASST BLOSS AUF, HIER IST ES KURVIG, DA MUSS MAN FAHREN KÖNNEN!
JA, UND AUF DER ANDEREN SEITE GEHTS BERGAB, DA MUSS MAN GUT BREMSEN KÖNNEN...
ES SEI DENN, MAN IST EIN ALTER PROFI WIE ICH, DANN BREMST MAN NICHT MEHR, DA GIBT MAN NUR NOCH GAS!
ALSO, CIAO RAGAZZI, DER BERG RUFT!
LAVERDA
BRRR, IST DAS SCHWEINEKALT HIER OBEN.
J-J-JA! (KLAPPER, KLAPPER)
ITALIA
BROBRO
WASE ISE DAS?
O SCHEISSE, DAS WASCHPULVER!
WASCHEPULVER, EH?
JA, SENIL ULTRA, BIS 95 GRAD!
DURCHESUCHEN, ALLES! MÄÄNER UND GANZE GEPÄCKE!
HUAA!
E-HEHE!
BOBOBO
ENDLICH:
DU BIST SCHULD! ALLES WEGEN DEINEM SCHEISS-WASCHPULVER!
ACH! UND WEM GEHÖRT DER LÖCHERIGE SEESACK, HÄ?
20%
LAVERDA
BROBOO

UND HEIZ NICHT SO, ICH KRIEG SCHISS!
AARG! DIE BREMSE GEHT NICHT!!
ICH HAU DEN ERSTEN GANG REIN!
30
KLACK-
KRANSCH!
MAAMII!
GUCK MAL, DA KOMMEN DIE ZWEI WELTMEISTER VON VORHIN!
HOTEL
DU, DER BREMST JA WIRKLICH NICHT!
HOTEL
UFF, WAS FÜR EIN ALPTRAUM...
SCHEISSE, VERPENNT!
NU ABER FIX!
OH MANN, ICH MUSS MICH BEEILEN, UM ACHT BIN ICH DOCH MIT WILLI VERABREDET!
LAVERDA
WO BLEIBT HARRY BLOSS? WIR MÜSSEN DOCH NOCH MEINEN GANZEN KRAM AUFLADEN.
H. AUE 94

ER HAT SCHNUPFEN ...

ER HAT KEIN NASIVIN.

H. AUE 94

WEG MIT DEM SCHWEREN GELUMPE!
MOIN!
MOIN!
DUCATI
BROLOM BODOM BOLOMBOM
AH, EIN KOHLEFASER-KOTFLÜGEL! BIST SCHON WIEDER AM ABSPECKEN, WAS?
JOU! KUCK MAL HIER, HOHLGEBOHRTE TITANACHSEN UND MAGNESIUMRÄDER!
VERKLEIDUNG, TANK UND HÖCKER, ALLES CARBON. GUTER KUNDE, DER MANN!
DER AUSPUFF IST NATÜRLICH AUCH AUS KOHLEFASER, UND ALLE SCHRAUBEN TITAN UND ALU. IST 20 KILO LEICHTER ALS ORIGINAL, DIE MÜHLE!
HMM... UND WARUM IST SIE DANN TROTZDEM NICHT SCHNELLER ALS MEINE?
DAS IST MIR AUCH EIN RÄTSEL!
FAST BY CHIANTI
DUCATI
888
H.AUE 94

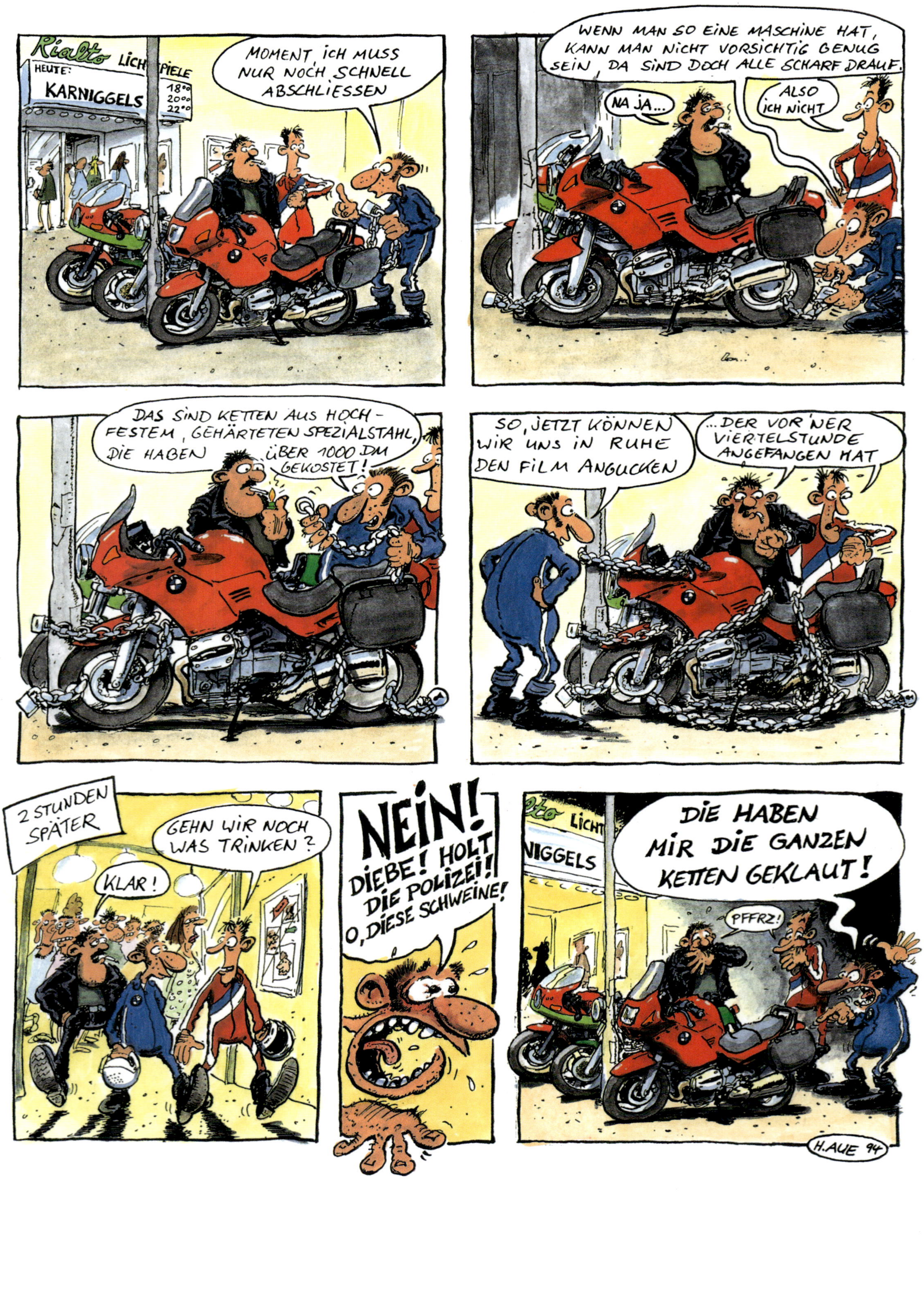

Rialto Lichtspiele
HEUTE: KARNIGGELS 18⁰⁰ 20⁰⁰ 22⁰⁰
MOMENT, ICH MUSS NUR NOCH SCHNELL ABSCHLIESSEN
WENN MAN SO EINE MASCHINE HAT, KANN MAN NICHT VORSICHTIG GENUG SEIN, DA SIND DOCH ALLE SCHARF DRAUF.
NA JA...
ALSO ICH NICHT
DAS SIND KETTEN AUS HOCHFESTEM, GEHÄRTETEN SPEZIALSTAHL, DIE HABEN
ÜBER 1000 DM GEKOSTET!
SO, JETZT KÖNNEN WIR UNS IN RUHE DEN FILM ANGUCKEN
...DER VOR 'NER VIERTELSTUNDE ANGEFANGEN HAT
2 STUNDEN SPÄTER
GEHN WIR NOCH WAS TRINKEN?
KLAR!
NEIN! DIEBE! HOLT DIE POLIZEI!! O, DIESE SCHWEINE!
DIE HABEN MIR DIE GANZEN KETTEN GEKLAUT!
PFFRZ!
H. AUE 94

HALLO JUNGS, KUCKT MAL, ICH HAB'N NEUEN HINTERREIFEN!
NA UND, IST DOCH NICHTS BESONDERES.
TJA-HAAA, IST'N GANZ SPEZIELLER: SPIRELLI X 2000 RACING. EXTREM WEICHE MISCHUNG, DER KLEBT AUF DER STRASSE WIE KACKE AM HANDTUCH!
WIRD SCHON LANGE NICHT MEHR HERGESTELLT, ABER DURCH ZUFALL HAB ICH DEN ALLERLETZTEN BEKOMMEN! WILL MAL GLEICH EINE PROBERUNDE ÜBERN HOF DREHEN.
LAVERDA
750
KLACK
WIESO LEGST'N DU VOR DEM STARTEN DEN 1. GANG EIN?
MACH ICH IMMER, DIE KUPPLUNG KLEBT ETWAS, WENN SIE KALT IST.
OHA, DER KUPPLUNGSZUG IST ABER GANZ SCHÖN AUSGEFRANST!
JA, JA, WECHSEL ICH NACHHER NOCH.
WIWIWI-
BROAAAAA
MIST! DAS GAS KLEMMT!
ROTER BEREICH
LAVERDA
ZING
SCHEPPER!
RAAAAA
HILFEEE!
LEG DEN KILLSCHALTER UM!
GEHT NICH, IST KAPUTT!
LAVERDA
ZIEH DEN ZÜNDSCHLÜSSEL AB!!
ICH KANN NICHT, ICH KANN NICHT!
ROAAA!
ICH KANN DOCH DEN LENKER NICHT LOSLASSEN! IHR MÜSST DEN SCHLÜSSEL AB-ZIEHEN, SCHNEELL!
RAAAA
PFFRZ!
STIMMT: EXTREM WEICHE MISCHUNG.
LAVERDA
750
H. AUE '94

H
H. AUE 94

VROOOVROOOOOO
BRAAAAAAAAZ
GROOLL
DA KOMMT WAS!
KLINGT GUT!
JO!
AHA! DA KOMMEN WIEDER SO'N PAAR KRAWALLBRÜDER!
NA WARTET!
VROOO
BRAAAAA
DONNER
GEIL!
JO!
POLIZEI
ROOOOOOAAA
LOUD PIPES SAVE LIVES
ZACK!
TJA...
SO KANNS KOMMEN..
JO!
SÄUSELSÄU
SÄUSELSÄUSEL
H. AUE 94

JAPANISCHE VOLKSMÄRCHEN
ES WAL EINMAL EIN MOTOLLADDESIGNEL NAMENS SUSHI KAKIMOTO...
...DEL SEIT SIEBEN JAHLEN IN DEL DESIGNABTEILUNG BEI HONDA ALBEITETE UND LÜCKSPIEGEL ENTWALF. SEIN TLAUM WAL ES, EINMAL EIN GANZES MOTOLLAD ZU GESTALTEN. EINES TAGES KÜSSTE IHN DIE MUSE, UND EL ZEICHNETE DAS SCHÖNSTE UND TOLLSTE MOTOLLAD ALLEL ZEITEN!
MEINTE EL...
HEULEKA!
VOLLEL STOLZ PLÄSENTIELTE EL SEINEM CHEF NAKABUSHI-SAN SEINEN ENTWULF. DOCH DEL SCHIEN SEINE BEGEISTELUNG NICHT ZU TEILEN...
WAS SOLL DENN DAS SEIN? WIE KÖNNEN SIE ES WAGEN, MIL SO EINEN MIST ANZUBIETEN?
UND SO ZOG EL AUS, UM SEIN GLÜCK BEI DEL KONKULLENZ ZU SUCHEN. 7 TAGE UND 7 NÄCHTE WAL EL GEWANDELT, DOCH...
ABEL SUSHI GLAUBTE SO FEST AN „SEIN" MOTOLLAD, DASS EL SICH ÜBEL DIE SIEBEN MEELE INS FELNE AMELIKA AUFMACHTE. WÜLDE EL DOLT ELFOLG HABEN?
NUN, DAS GING IN DIE HOSE. ABEL IN EULOPA SOLLTE ES AUCH NOCH MOTOLLADFABLIKEN GEBEN...
DUCATI
RATATATA
RATATA
EL KLAPPELTE EIN WELK NACH DEM ANDELEN AB:
PAF!
ZACK!
BUF
BING!
ACH, DEL ALME SUSHI WOLLTE EINFACH NICHT EINSEHEN, DASS SEIN ENTWULF SO MISELABEL WAL, DASS KEINE FILMA AUF DEL GANZEN WELT JEMALS SO EIN MOTOLLAD BAUEN WÜLDE...
JA, ABEL... WALUM KOMMT EL NICHT WIEDEL LAUS? HIEL IM BUCH STEHT DOCH, DASS.... MEIN GOTT, WAS HABEN SIE MIT IHM GEMACHT? IHN MIT WEISSWÜLSTEN ZU TODE GEMÄSTET? IHN MIT BLASMUSIK IN DEN WAHNSINN GETLIEBEN?
DIE TAGE UND MONATE VELGINGEN, UND DANN:
BMW PRÄSENTIERT: DIE NEUE BOXER-GENERATION
WIESO, WAS SOLL DAS? HIEL IN MEINEM BUCH GEHT DAS MÄLCHEN GANZ ANDELS WEITEL...
R 1100 RS
BLÄTTER
BLÄTTER
SCHLEICH DI! SAUPREISS, JAPANISCHER!!
94
H. AUE

SONNTAGMORGENS, 11 UHR
AH, EIN HERRLICHER TAG, UM MIT DEN KUMPELS RUMZUDÜSEN! HEUT' NEHM' ICH DIE DUCATI.
OBWOHL... DAMIT BIN ICH JETZT SCHON DIE LETZTEN 14 TAGE GEFAHREN.... HMM... NA GUT, DANN NEHM ICH DIE HARLEY. JA, SCHÖN ZURÜCKLEHNEN UND DURCH DIE GEGEND BALLERN, DAS IST ES! DANN MUSS ICH NATÜRLICH MEIN OUTFIT WECHSELN.
SO, AUF GEHTS! ... ALLERDINGS, WENN DIE ANDEREN WIEDER IHRE DROLLIGEN 5 MINUTEN KRIEGEN, KOMM' ICH MIT DER HARLEY WIEDER NICHT HINTERHER....
NÜTZT NIX, DIE RC 30 MUSS HER!
MIT DER BIN ICH AUF KEINEN FALL ZU LANGSAM.
DAFÜR MUSS ICH MIR DEN GANZEN TAG DAS GELÄSTER DER ITALIENERFAHRER ANHÖREN...
VIELLEICHT SOLLTE ICH LIEBER DIE LAVERDA...
MANN. WO BLEIBT JOGI?
ER WOLLTE SCHON VOR EINER STUNDE HIER SEIN.
ICH HAB KEINEN BOCK MEHR ZU WARTEN!
KOMMT, WIR FAHREN JETZT LOS!
JO.
SO, ICH FAHR JETZT MIT DER SFC, DAS HAT STIL UND DA KANN AUCH KEINER MECKERN! ANDERERSEITS... DAS TEIL IST SO BRETTHART GEFEDERT! WENN WIR NUN ÜBER SCHLECHTE STRASSEN FAHREN... DA WÄR DIE ENDURO JA BESSER...
ACH MIST, DA SIND JA NOCH DIE GANZ GROBSTOLLIGEN CROSSREIFEN DRAUF, DAMIT FÄHRT SICHS AUF DER STRASSE BESCHISSEN...
VIEL, VIEL SPÄTER:
UND WENN ICH JETZT...
VIELLEICHT SOLLTE ICH...
ALSO, JETZT ABER KURZENTSCHLOSSEN: ICH NEHM DIE DUCATI!
PAF
QOUIEEEK
SCHEISSE!
H. AUE 94

HALLO JUNGS!
DAS KANN NUR WILLI SEIN!
ICH HAB MIR'N MOTORRAD GEKAUFT!
WAS? DU? DAVON HAST DU DOCH GAR KEINE AHNUNG!
ACH WAS, AHNUNG! DAFÜR HAB ICH EINEN RIECHER FÜR GUTE GESCHÄFTE!
HAB EIN SUPER-SCHNÄPPCHEN GEMACHT, NE YAMAHA GTS 1000, WAR EIN AUSSTELLUNGSSTÜCK, STAND AUF DER MESSE. UND DESHALB HAB ICH SIE - UND JETZT HALTET EUCH FEST - 35 PROZENT BILLIGER GEKRIEGT!
DAS HÖRT SICH NICHT SCHLECHT AN...
ALLERDINGS MUSSTE ICH IM VORAUS BEZAHLEN...
DAS HÖRT SICH NICHT GUT AN
HEUTE SOLL SIE DA SEIN, KANN MICH EINER VON EUCH ZUM HÄNDLER FAHREN?
KLAR!
ICH KOMM' MIT!
ICH AUCH!
LAVERDA
BLOBLOBLOBLOBLO
BROOOOOOO
DA VORNE ISSES! MANN, BIN ICH AUFGEREGT!
NEPP & WINDIG ZWEIRÄDER IM- UND EXPORT
JAPANER? NEIN DANKE!
BLOB
WO IST SIE?
STEHT HINTEN IM HOF...

AH, DAS IST HIGH-TECH! DAVON KANN SICH DIE KONKURRENZ ABER EINE SCHEIBE ABSCHNEIDEN!
DAS HAT SIE ANSCHEINEND SCHON GETAN...
JAPANER? NEIN DANKE!

TAG!
BAH, SO'N PLASTIKVERSCHALTER REISKOCHER, ÄTZEND! SIEHT JA AUS WIE NE MISCHUNG AUS THERMOSKANNE UND SAMSONITE-KOFFER
HARRY, DU BIST HOFFNUNGSLOS BORNIERT MIT DEINEM ITALIENER-TICK! DEINE RANZIGE LAVERDA LÄUFT DOCH HÖCHSTENS 180.
185!
PAH! WILLST DU MAL 270 FAHREN? HIER, KANNST SIE GERN MAL PROBEFAHREN, DANN SCHMEISST DU DEINEN VIBRATOR GLEICH IN DIE PRESSE
HAH-HAH-HAH! NORMALERWEISE WÜRD ICH MICH JA NIE AUF SO NE NIPPON-SCHLEUDER SETZEN, ABER DAMIT DU MIR NICHT LÄNGER DIE OHREN VOLLDRÖHNST, DREH ICH MAL NE RUNDE
HOFFENTLICH SIEHT MICH KEINER
GESAGT, GETAN:
ZOSCH
MIST, DIE BRILLE HÄTT' ICH AUFSETZEN SOLLEN! ACH EGAL, DIE BAHN IST GRAD SCHÖN LEER
FLUTSCH
200
SCHLUCK! WO KOMMT DIE KURVE HER? DIE WAR GESTERN NOCH NICHT DA...
UND HIER SEHEN WIR NUN KUDDL, DIE KAMIKAZE-WESPE
ANGENEHM
ZUFÄLLIG HABE ICH HEUTE ETWAS ZEIT ZUM PLAUDERN. RUHIGER TAG, WENIG VERKEHR, WENIG ZU TUN, NUN JA, ÄÄH... MOOMENT, ICH KRIEGE DA GERADE WAS AUF MEINEN SCHIRM... TUT MIR LEID, ICH MUSS LOS, EHM... JA.
BSSS
BONSAiii!
SPLAT!
AUAA!
BSSSSSSSSS
?!
MEIN MUND... ICH KRIEG DEN MUND NICHT WIEDER ZU!!
GARGL
PLOP
BREMSEN, BREMSEN, BREMSEN!
IST NIX FÜR MICH, DAS MOTORRAD PASST EINFACH NICHT ZU MEINEM HELM
H. AUE 94

FROHE WEIHNACHTEN, MEIN SOHN!
REICH
O KLAFFE, NE HARLEY!
...UND DAS HIER GEHÖRT NATÜRLICH AUCH DAZU
OUTLAW KOMPLETT-AUSRÜSTUNG
HART MÄNNLICH!
FÜR DEN GANZEN KERL!
FUPER, DAMIT BIN ICH IM FRÜHLING KING OF FE ROAD!
FRÜHLING!
BAH! NE HARLEY MIT E-STARTER, DAS IST DOCH WAS FÜR WEICHEIER! DA GEHÖRT'N KICKSTARTER RAN!
WIWIWI-
PLABROM
PLADABOM PLADABOM
KÖNNEN FIE MIR MEINE HARLEY AUF KICKFTARTER UMBAUEN?
WELCHES MODELL?
ICH LASS MIR EINEN KICKSTARTER EINBAUEN
ÄH... EF IFT NE BLAUE...
HOG SHOP
AM NÄCHSTEN TAG
JETZT MIT SCHWUNG DURCHTRETEN, UND SCHON LÄUFT DER EIMER!
AU FEIN, DA KANN ICH JA GLEICH ZUM HARLEYTREFF FAHREN!!
KICK! FLA-BROUM!
PLADABROOOOO
RAS NICHT SO, EWALD!
WIEVIEL ZYLINDER HAT DENN DIE?
EHM... FÜNF, GLAUBE ICH...
10 km/h
AM LIEBSTEN FAHR ICH IMMER SCHÖN GERADE AUS...
HULDIGE MIR, VOLK!
JA SCHATZ! ICH BIN PÜNKTLICH ZUM ESSEN DAHEIM... JA!... NATÜRLICH... JA...
...JA! SIEMENS VERKAUFEN!

WAS HEUTE SO ALLES HARLEY FÄHRT... ICH KÖNNT ABKOTZEN, WENN ICH DIE GANZEN SCHWACHMATEN SEHE!
DIE STELZEN MIT DER KREDITKARTE IN DEN HARLEYLADEN UND SAGEN: „OH, DIE ROTE DA IST ABER SCHICK, DIE NEHM ICH!"
UND ICH HAB MICH FÜNF JAHRE NUR VON TROCKEN BROT UND ALDI-BIER ERNÄHRT, DAMIT ICH MIR DANN ENDLICH NE VERWARZTE 71er SHOVEL-E-GLIDE ZULEGEN KONNTE! UND DANN NOCH EWIG DRAN RUMGESCHRAUBT....
WAS SOLLS, LASS UNS NOCH 'NE RUNDE DREHEN!
FO, ALFO, JETFT MIT FWUNG...
GNNN!
GNNJA.... GNNJF...
FEIFFE! FEIFFE! FEIFFE!
OH! ÄH, HALLO! HI FOLKF! IHR HABT DOCH BEFTIMMT AHNUNG VON HARLEYF. MIT MEINEM KICKFTARTER FTIMMT IRGENDWAF NICHT, KÖNNT IHR MAL NACHFEHEN?
GEHT DOCH!
KAUF DIR NE VESPA, TERMINATOR!
VLA-BROOF!
PAF!
ÜBRIGENS, DA IST EIN FETTFLECK AUF DEINEM AUSPUFFKRÜMMER.
OH!
ZSSCH
HHHHHAAA! NNJAOUAH!
PLADA PLADA
BLOBLO BLO
KÖNNEN FIE MIR MEINE HARLEY AUF E-FTARTER UMBAUEN.... VIELLEICHT...?
HOG
H. AUE '94

BROOOA
AUF ZUM ITALO-TREFFEN NACH KIEL!
MOIN MOIN! KANN LOSGEHEN!!
WIE ÜBLICH ZU SPÄT!
LAVERDA
HE, DU HAST DIR JA'N GEPÄCKTRÄGER GEKAUFT!
BRADA
BRAM
GEKAUFT?! DEN HAB ICH SELBST GESCHWEISST, EY!
HIER, STABIL OHNE ENDE, DAS TEIL!
KÖNNEN WIR DENN JETZT BALD MAL LOSFAHREN?
RÜTTEL
RÜTTEL
LAVERDA
BRAAAAROOO
BONK!
BONK!
KRACK!
KLANK!
KLONK!
VERSTEH' NICHT, WIE DAS PASSIEREN KONNTE! MUSS WOHL EIN ABSZESS IN DER SCHWEISSNAHT GEWESEIN SEIN...
EIN ABSZESS, JA, JA!

DIE EINE ODER ANDERE STUNDE SPÄTER...
OKAY, ICH KRIEG' DEINE VERGASER UND DU...
...UND DANN BIN ICH AUSSEN VORBEI...
MIST, DER STEHENDE ZYLINDER LÄUFT NICHT MIT
O GOTT, EIN FETTFINGER!
DAMMICH, DER LIEGENDE ZYLINDER LÄUFT NICHT MIT!
JETZT?
NOCH NICHT, VERDAMMT!
VOLL GEIL!
VOLL SCHEISSE!
...UND ZACK! LAG DIE GANZE SCHEISSE AUF DER STRASSE!
ES WAR NÄMLICH EIN ABSZESS IN DER SCHWEISSNAHT!
ISSES WAHR!? EIN ABSZESS — SO, SO...
BOH!
ICH WEISS GAR NICHT, WAS IHR HABT! DEN SEITENSTÄNDER HAB ICH AUCH GESTERN GESCHWEISST, UND? DER HÄLT!
DER SEITEN...?
KRACKS!
KLONK! KRAK! BROCH SCHRUNZ KNIRK GAZONG BADING! CRAS
H. AUE 94

GEILES MOTORRADWETTER HEUTE...
EIGENTLICH WÜRD' ICH JA JETZT LIEBER...
VROM VROM VROOOOODAAAA

BERND „BREMBO" BREIDSCHEID / RAU-KAWA Z 1000 EIGENBAU

FÄHRT SEIT SEINER GEBURT KAWASAKI, HASST ABER MOTORRÄDER VON DER STANGE. ALSO VERSCHWAND ER FÜR 2 JAHRE IN SEINER GARAGE UND BAUTE SICH SEIN TRAUMGERÄT. GALT WÄHREND DIESER ZEIT ALS VERMISST. HAT AUF DER LINKEN ARSCHBACKE EIN GROSSES K EINTÄTOWIERT.

„DUC" DÖTTINGER / DUCATI PANTAH 500

JUBELT SEINEN MOTOR STÄNDIG ÜBER 10000 UMDREHUNGEN: „VORHER KOMMT JA NIX!" ALLEN DREHZAHLORGIEN ZUM TROTZ HAT SIE SCHON ÜBER 190000 Km AUF DEM BUCKEL. ALLE WELT WUNDERT SICH, DASS DIE KISTE NOCH LÄUFT, AM MEISTEN ER SELBST. SEINE HEIMLICHE LEIDENSCHAFT: ZWEITAKTER! WENN DAS RAUSKOMMT ......

HOLLI HATZENBACH / MOTO GUZZI LE MANS

STATT EINEM ANSTÄNDIGEN BERUF NACHZUGEHEN, MALT ER ALBERNE MÄNNCHEN. STEHT AUF SPORTLICHE ITALIENERINNEN MIT GROSSEN.... ZYLINDERN. NACH DEM MOTTO „VIEL LEISTUNG IST GUT, NOCH MEHR LEISTUNG IST BESSER" VERPASST ER SEINER „LEHMANN" EINE TUNING-SPRITZE NACH DER ANDEREN. GELOBT SEI, WAS SCHNELL MACHT!

HINNERK „WHEELIE" WIPPERMANN / CAGIVA ELEFANT 900 i.e.

VOLLBLUT-HEIZER MIT AUSGEPRÄGTEM HANG ZU GUTEM WEIN, ITALIENISCHEM ESSEN UND DER HOLDEN WEIBLICHKEIT. MIT SEINEM UMGEBAUTEN WÜSTENSCHIFF IST ER AUF KURVIGEN LANDSTRASSEN DER ABSOLUTE SUPERBIKE-SCHRECK.
DAS WORT „LANGSAM" EXISTIERT IN SEINEM WORTSCHATZ NICHT.

HARRY QUIDDELBACHER / LAVERDA 750: DER MANN FÜRS GROBE.

SCHWEISST ROHRE IM KERNKRAFTWERK BRUCHHUDE. HAT MINDESTENS DREI LINKE HÄNDE! SEINE LAVERDA IST EIN ZUVERLÄSSIGES MOPPED, ZUMINDEST BIS HARRY EINEN SCHRAUBENSCHLÜSSEL IN DIE HAND NIMMT. BEVORZUGTE WERKZEUGE: VORSCHLAGHAMMER UND BRECHEISEN.

DIE BULLEN-SCHLEUSE
WIE? DU WEISST NICHT, WAS NE BULLENSCHLEUSE IST? PASS AUF, WIR MACHEN FOLGENDES: TUSCHEL, TUSCHEL...
FUCK THE POLICE
POLIZEI
ROOAAA
DAS DARF DOCH WOHL NICHT... ÜBERHÖHTE GESCHWINDIGKEIT IN TATEINHEIT MIT BEAMTENBELEIDIGUNG, ERREGUNG ÖFFENTLICHEN ÄRGERNISSES UND FAHREN OHNE KENNZEICHEN! LOS ALFRED, GIB ALLES!!
POLIZEI
SIE SIND DRAN!
SEHR GUT, HE HE!!
WIR SIND DRAN!
SEHR GUT, HAR HAR!
ROOOOOO
BRAAAA
BREMS! BREMS! BREEMS!
MACH ICH DOCH!!
KRA-CRASH!
SPLITTER!
FSSS
SEHR PRAKTISCH, SO NE BULLENSCHLEUSE!
DA HAT MAN STEUERGELDER DOCH MAL SINNVOLL VERWENDET!
LALÜ LALÜÜ LALÜ
HÖRST DU? SIE SPIELEN UNSER LIED!
H. AUE

VOLLES DING!
BUÄÄÄH!
SCHNÜFF... SCHNÜFF... PUAAH! DIE KLEINE HAT DIE HOSEN GESTRICHEN VOLL!
RAAAAH!
BOH, DAS 5. MAL HEUTE... JETZT HALT' ICH ABER NICHT SCHON WIEDER AN!
KRÄÄH!
WÜHL
WURSCHTEL
HOPPERLA!
ROOOO
FLATSCH!
PLATSCH!
MATSCH!
HE... WAR DA NICHT EIN GERÄUSCH IM ZYLINDERKOPF...?
HNNG!

PATSCH!
GUMPF!
FLAP
ÖÖY!
NIMM DE FOTEN WEG, DUSSLIJE KUH, ICK SEH NÜSCHT!!
UMHMPF!
HMM... HMM... HMM... IRGENDWIE FEHLT MIR DIE ENTSCHEIDENDE ÄHNSPIRASSIONG...
CRAS!
HYSTERISCHER ANFALL DER ZICKIGSTEN SORTE
MON DIEU ACTION PAINTING, DAS ISTES!!
AAAAAA-WAAAAAA!!
EIN NAHEGELEGENER PARKPLATZ, KURZ DARAUF:
WUAAHAHAAA!! LEUTE, IHR SEHT JA HEUTE ECHT BESCHISSEN AUS, HOUAAA!
BÄÄH!
HE, KEULE!
SCHLUCHZ!
WART IHR DET DA EBENT MITTE WINDEL?
PRUST!
HHH-HHH-HHHH...
LUFT! HUAA...
HJAJAA-HAHAA!
HAA-MPFT!
MAHLZEIT!
H. AUE

WENN DIE SONNE LACHT, NIMM BLENDE 8
LOS GEHTS! DAS WERDEN DIE MEGAVERSCHÄRFTEN ACTION-FOTOS, ICH SAGS DIR!
VERWACKEL BLOSS NICHT ALLES!
LAVERDA
KLICKWSS KLICKWSS KLICKWSS KLICK
MANN, SO NE KAMERA MIT MOTOR KOMMT JA VOLL GUT!
ROOROOO
CAGIVA
!
KLICKWSSS
RAAAA
ROOO
KLICK WSSS KLICK
ROAA
KLACK
ROOO
DEN SCHNUPF' ICH AUF!
HINNEERK!
KLICKWSS KLICK
R.I.P.
BRAA
ROO
KLICKKLICKWSSS
AHA! VOR DEN KEHREN HAT ER SCHISS!
KEHRE
KLICK
KLICK
KLICK
HAHAA, UND SCHON GEHT SPÄTBREMSER WIPPERMANN IN FÜHRUNG!
WO SIND WIR? SIND WIR IM HIMMEL?
TUNING-KIT
DM 2900,-
3 TAGE SPÄTER
HE JUNGS, DIE FOTOS SIND FERTIG!
ZEIG HER!!
DAS HÄTTST DU JA WOHL MAL VORHER SAGEN KÖNNEN, DASS DU VOM FOTOGRAFIEREN KEINE AHNUNG HAST, DU PENNER!
H. AUE

HM... 5,5 bar ...
SACHMA, WAS FÜRNE KOMPRESSION HASTN DU ?
GAR KEINE, BIN DOCH AUS DER KIRCHE AUSGETRETEN !
750 SFC
SUPER MÖPSE MAGAZIN
SCHMIERE
SCHMATZE
IS NOCH GUT
LAVERDA
SCHROTT!
WERWEISS?
FEST!
WERKSTATT-HANDBUCH
LAVERDA
H. AUE

HORN-OCHSE!
DIESMAL KRIEG ICH DIE HURENSÖHNE!
ICH BIN DURCH MONATELANGES MENTALES TRAINING GESTÄHLT!
HABE DEN GEIST VON MICK DOOHAN UND KEVIN SCHWANTZ VERINNERLICHT...
DER UNBEZWINGBARE WILLE ZUM SIEG LÄSST MICH AUCH MIT UNTERLEGENEM MATERIAL STARK SEIN!
BRAAA
ROOOAA
JETZT RAUS MIT DEM KNIE UND ABWINKELN BIS ZUM...
GEHT NICHT MEHR .... SCHLUCK! DAS REICHT NICHT! MICK! KEVIN! WAS SOLL ICH TUN?
KRAAATZ
VERSUCH'S DOCH MAL MIT'M DREIRAD!
OGOOOOOOT!!
MUH
MOUUUH
ICH GLAUB, WIR SOLLTEN WOHL MAL UMDREHEN!
?
KRACK-BOUF!
BRABAAAAAACOOOO
KUCK AN! DIE GUMMIKUH BESUCHT IHRE VERWANDTEN.
TS-TS, VOLL DURCHGEKNALLT!
TOB! BRÜLL! ZETER! GEIFER!
ICH RUF WO' BESSER MA BEI'N DOKTER AN..
GAANZ RUHIG, IS JA GUUT! KANN DOCH JEDEM MAL PASSIEREN...
1a FRISCHE KUHSCHEISSE
HEU-TEE KEINEE SPRECH-STUNDEE.... DÜBEL OOK! UND NU?
RUF ICH HALT BEI'N TIERARZT AN, DOKTER IS DOKTER!
JO! HERR DOKTER? HARMS HIER! ICH HAB HIER'N BULLEN, DER TUT AUSFLIPPEN!... WAT? JO! BRÜLLT UND TOBT UND HAUT UM SICH UND... WAT?... JO!... NEE... JO... JO!... IS GUT!... JOUP!
NA, WAS HAT ER GESAGT?
KLARER FALL VON RINDERWAHNSINN... - SOFORT ERSCHIESSEN!
KREISCH! JAPS! HECHEL!
KLICK!
H. AUE

EHRENSACHE!
ACH GOTTCHEN, DER ARME!
SACK!
WOUWAA
BLÖD MANN!
BRATZ!
YEAH I GET BY WITH A LITTLE HELP FROM MY FRIENDS, OOH I GET HIGH WITH A
BLOCK-FLÖTE!
FFFRRRZ!
BRAOOPLADABLAB
ARSCHGEIGEN!
DOCH SCHLIESSLICH:
DANKE, MANN! WAR ECHT KORREKT, DASS DU ANGEHALTEN HAST
HAB SCHON FAST NICHT MEHR DRAN GEGLAUBT
GIBT EBEN DOCH NOCH 'N PAAR RICHTIGE KUMPELS!
SCHNÜFF! ICH LIEBE HAPPY-ENDS!
WOOOOO
1 km WEITER:
LASS MICH MAL RAN, ICH HAB GRAD EINEN SCHRAUBERKURS GEMACHT!
KALTE COLA? 'N HEISSES WÜRSTCHEN VIELLEICHT?
IS DOCH WOHL LOGO, DASS MAN ANHÄLT UND HAND ANLEGT...
ICH REPARIER ALLES!
EY HÖMMA, ICH FAHR DICH NACH HAUSE!
ZU MIR...
H. AUE

ABGEHÄNGT
EIN GLÜCK, DASS WIR NOCH'N REIFEN GEKRIEGT HABEN, SO KURZ VOR FEIERABEND.
MIST! 'N STAU!
WIR DRÄNGELN UNS NACH VORNE DURCH!
TAXI
JETZT GUCK DIR DIESE ROCKER AN!
DAS IST VERBOOTEN!
STELLT EUCH GEFÄLLIGST HINTEN AN!
UNVERSCHÄMTHEIT!
BROBOA
NA MUTTI, DAS ISN GUMMI, WAS?
ATTACKEEE...
ROA
...HURK!
OOOOOOAA...
TACH... ÄH... KÖNNTEN SIE MICH 'N STÜCK MITNEHMEN?
H. AUE

TOP SECRET
OHA, MUSS DRINGEND TANKEN ...
BUAH, DIE KISTE STINKT JA WIE'N BAHNHOFSKLO !!
YAMAHA
KASSE
HALLO!
SAG MAL, AUS DEINEM AUSPUFF KOMMT ABER EIN WIDERLICHER GESTANK!
DAS MUSS AN MEINEM GEHEIMEN SPRITZUSATZ LIEGEN, DEN DER KURT IMMER SPEZIELL FÜR MICH ANMIXT. SEIT ICH DAS ZEUG ZUM SPRIT MISCHE, KOMMT KEINER MEHR HINTER MIR HER!
MOIN BERND!
KEIN WUNDER, BEI DEM GESTANK HÄLT JEDER FREIWILLIG ABSTAND!
EINMAL BERND BREIDSCHEID-SPEZIAL-TURBO-TINKTUR?
EXAKTO!
BLINZEL
PLINKER
... KOSTET ZWAR NE SCHWEINEKOHLE, ABER DAFÜR ISSES VOLL DER BRINGER!
LABOR
STRULL!
DAS REZEPT FÜR DIE MIXTUR RÜCKT KURT ABER NICH' RAUS, IST „TOP SECRET", SAGT ER ...
H. AUE

ZON-ALARM!

FAHRVERBOT! DOCH WAS IST DAS? ZEHNTAUSENDE VON AUTOS SIND UNTERWEGS! WIESO DÜRFEN DIE DAS? DIE EINEN DÜRFEN, WEIL SIE EINEN G-KAT HABEN UND DESHALB, WIE JEDER WEISS, STATT ABGASEN REINEN SAUERSTOFF PRODUZIEREN. DIE ANDEREN, WEIL FÜR SIE EINE DER ZAHLREICHEN AUSNAHMEREGELUNGEN GILT. MIT ETWAS FANTASIE KANN EIGENTLICH JEDER ZU DIESER ZWEITEN GRUPPE GEHÖREN. DESHALB HIER EIN PAAR TODSICHERE AUSREDEN:

DAS VERKEHRSVERBOT DES § 40a Abs. 1 GILT NICHT FÜR ...
5. KRAFTFAHRZEUGE, MIT DENEN PERSONEN FAHREN ODER GEFAHREN WERDEN, DIE AUSSERGEWÖHNLICH GEHBEHINDERT, HILFLOS ODER BLIND SIND

DAS VERKEHRSVERBOT DES § 40a Abs. 1 GILT NICHT FÜR ...
7c) KRAFTFAHRZEUGE ZUM TRANSPORT LEBENDER TIERE

DAS VERKEHRSVERBOT DES § 40a Abs. 1 GILT NICHT FÜR ... 3. KRAFTFAHRZEUGE, DIE ZUR FAHRGAST-BEFÖRDERUNG NACH DEN §§ 47, 49 Abs. 4 PERSONENBEFÖRDERUNGSGESETZ EINGESETZT SIND ...
7c) KRAFTFAHRZEUGE ZUM TRANSPORT VERDERBLICHER GÜTER
DAS GLAUBT DIR DOCH KEIN MENSCH. AUF „VERDERBLICHE GÜTER" MUSST DU MACHEN! ICH HAB 5 KILO CAMEMBERT DABEI ...
TAXI

DAS VERKEHRSVERBOT DES § 40 Abs. 1 GILT NICHT FÜR FAHRTEN VON PENDLERN ZU UND VON DER ARBEITSSTÄTTE, DIE ANDERS IN ZUMUTBARER WEISE NICHT DURCHGEFÜHRT WERDEN KÖNNEN
... NA LOGISCH BIN ICH PENDLER! WAS MEINEN SIE, WIE DIE KISTE AB 180 PENDELT!

FORTGESCHRITTENEN-KURS

LIEBE UNERSCHROCKENE: BISHER HABEN WIR UNS MIT REIN HYPOTHETISCHEN GRUNDSITUATIONEN BEFASST, DIE REAL MÖGLICHE KOMPLIKATIONEN WIE Z.B. SOLCHE LÄCHERLICHKEITEN WIE DEN GEGENVERKEHR AUSSER ACHT LIESSEN.

DAHER HAT UNSER VERKEHRSPSYCHOLOGE DR. ALOIS SCHRÄGLAG FOLGENDEN TRAININGSABLAUF AUSGEARBEITET, DEN JEDER MINDESTENS EINMAL ABSOLVIEREN SOLLTE:

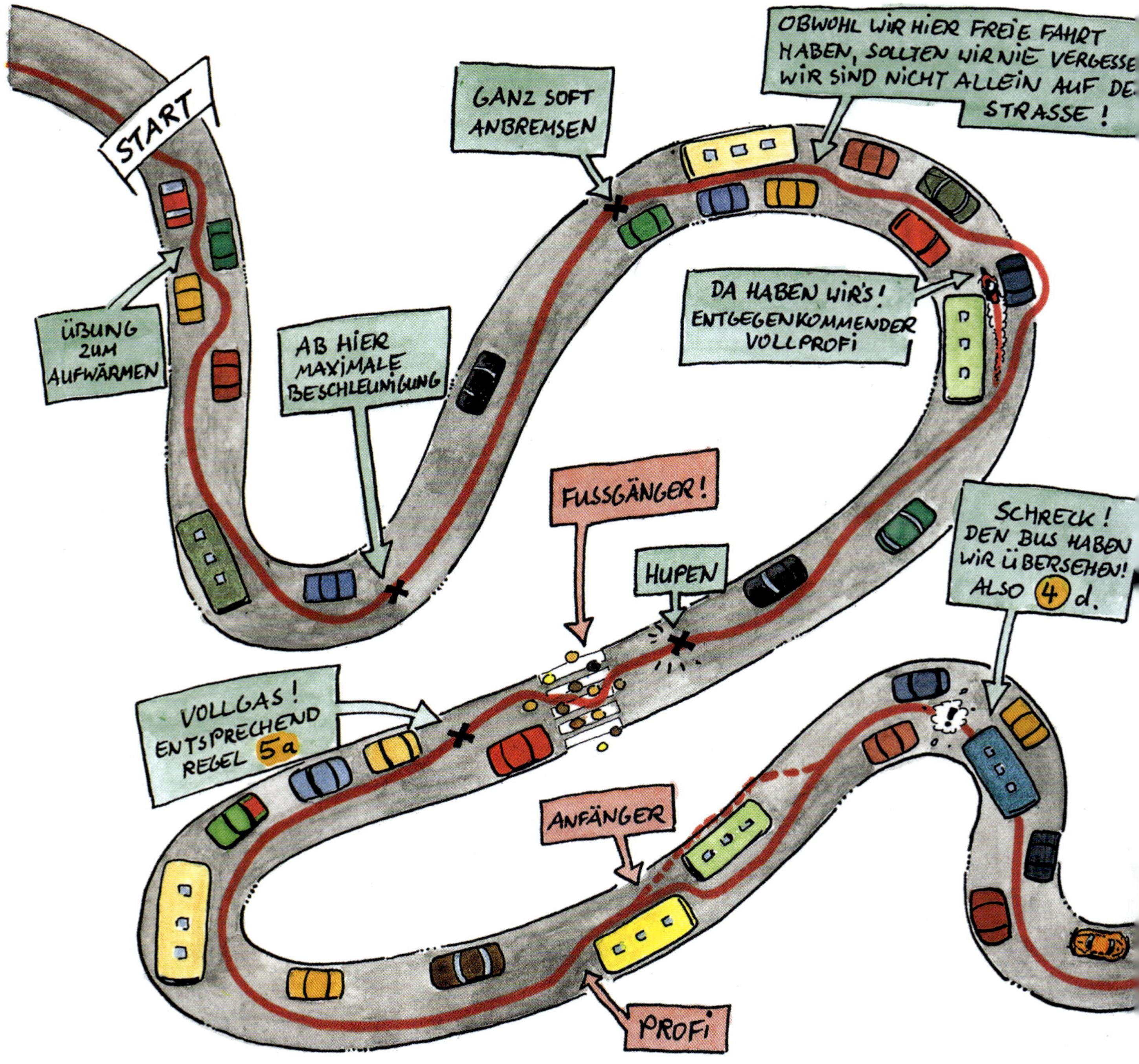

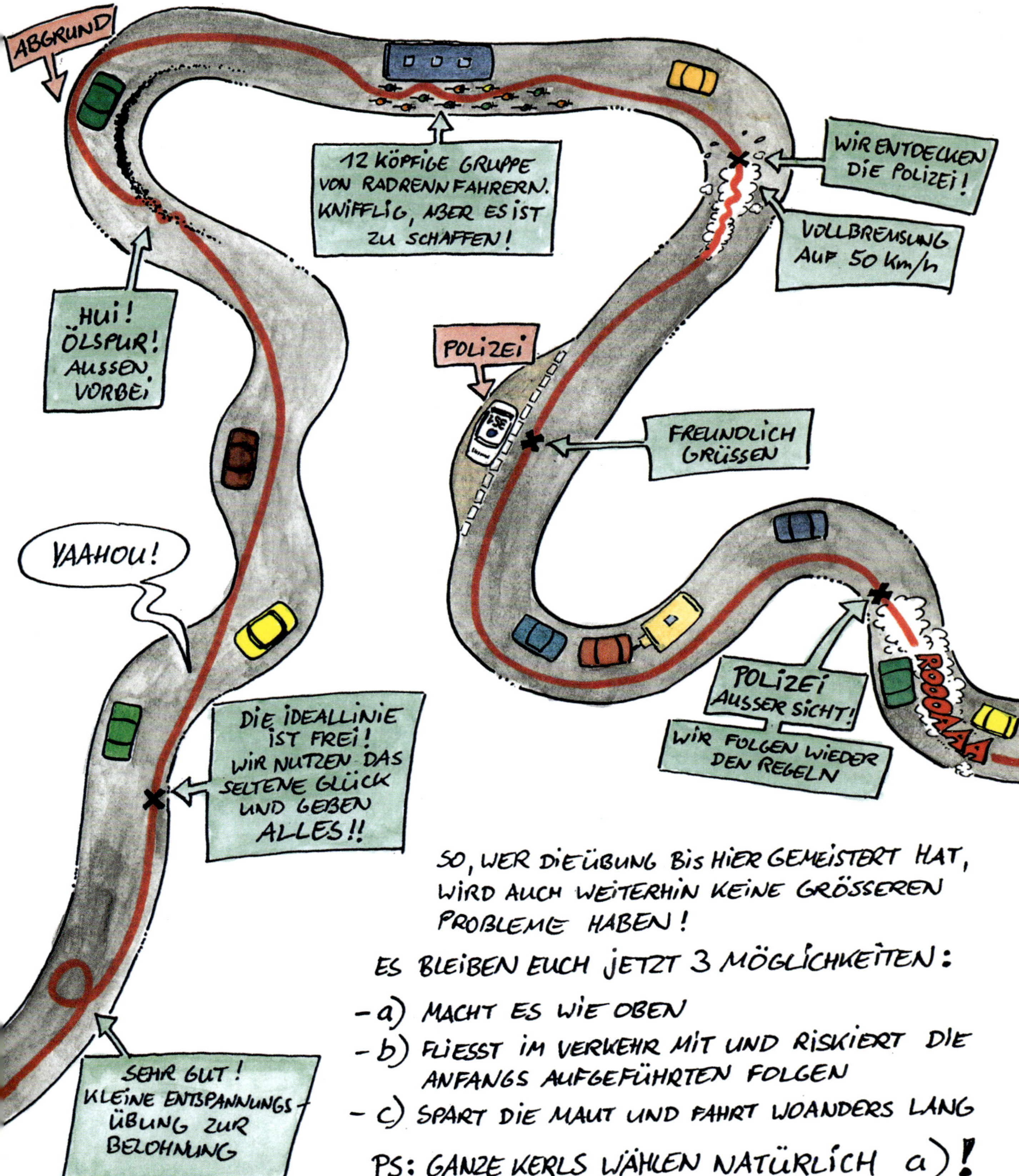

SO, WER DIE ÜBUNG BIS HIER GEMEISTERT HAT, WIRD AUCH WEITERHIN KEINE GRÖSSEREN PROBLEME HABEN!

ES BLEIBEN EUCH JETZT 3 MÖGLICHKEITEN:

- a) MACHT ES WIE OBEN
- b) FLIESST IM VERKEHR MIT UND RISKIERT DIE ANFANGS AUFGEFÜHRTEN FOLGEN
- c) SPART DIE MAUT UND FAHRT WOANDERS LANG

PS: GANZE KERLS WÄHLEN NATÜRLICH a)!

AUF GEHT'S, LUJA!

H. AUE

LEHRGANG

ZUM BEFAHREN DER GROSSGLOCKNER - HOCHALPENSTRASSE
WÄHREND DER HOCHSAISON

DIE GROSSGLOCKNER-HOCHALPENSTRASSE BIRGT VIELE GEFAHREN FÜR MOTORRADFAHRER:

- Z.B. DAS RISIKO EINES UNERWARTETEN HERZINFARKTS!

- ABGASVERGIFTUNG DURCH SCHLEICHENDE REISEBUSSE

- AUS FRIEDLICHEN BIKERN KÖNNEN URPLÖTZLICH AMOKLAUFENDE BESTIEN WERDEN

- IN KEHREN FÄLLT DAS TEMPO ZUWEILEN ERHEBLICH AB

DER ERFAHRENE BIKER EMPFIEHLT DIE EINHALTUNG FOLGENDER REGELN:

REGEL (1): WAFFEN, HANDGRANATEN UND MORGENSTERNE ZU HAUSE LASSEN, SONST...

REGEL (2): DIE FÜSSE GEHÖREN AUF DIE RASTEN

REGEL (3):  WIR VERGESSEN ALLES, WAS WIR IN DER FAHRSCHULE MAL GELERNT HABEN!

REGEL (4): ÜBERHOLEN IN SPITZKEHREN:

MÖGLICHKEIT a.) b.) c.) d.) NUR BEI BUSSEN UND LKW ANZUWENDEN!

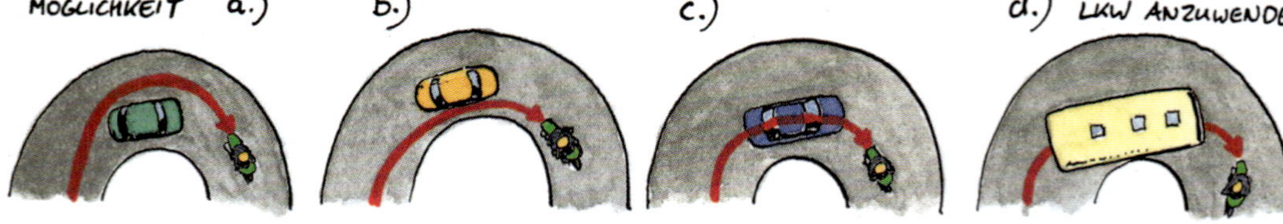

REGEL (5): ÜBERHOLEN AUF DER GERADEN: HIERBEI IST ZU BEACHTEN, DASS JEDE UNTERBRECHUNG EINER KURVE VON MEHR ALS 1 METER ALS GERADE GILT!

(5a): AUF GERADEN MUSS ÜBERHOLT WERDEN!! WER REGEL 5 UND 5a NICHT BEACHTET, DREHT AM BESTEN SOFORT UM.

REGEL (6): ÜBERHOLEN VON BUSSEN: DA BUSSE IMMER EINE SICHTBEHINDERUNG DARSTELLEN, IST HIER GRUNDSÄTZLICH MÖGLICHKEIT 4 b. ANZURATEN, UNTERSTÜTZT DURCH LAUTSTARKES HUPEN UND SCHREIEN!

SO, DIE GRUNDREGELN HABEN WIR SCHON BEGRIFFEN. WER JETZT NOCH AM LEBEN IST, KANN DEN FORTGESCHRITTENEN-KURS IN ANGRIFF NEHMEN. BITTE UMBLÄTTERN →

KURVE 17
MIST! ZU FRÜH GEBREMST
BRAATZ
BULLSHIT! ZU SPÄT GEBREMST...
VERFLUCHT! WIEDER ZU FRÜH!!
ROOA
JETZT HAB ICH DEN GANZEN VORMITTAG TRAINIERT. ERGEBNIS: DER OPTIMALE BREMSPUNKT IST... GENAU HIER!
BIS ZUR MARKIERUNG KANN ICH DAS GAS VOLL STEHENLASSEN!
MOUUH
PLAT!
VOLL STEHENLASSEN...
HA! HINNERK, DER SCHISSER, BREMST NE STUNDE ZU FRÜH!
ROOOOOOAA
SPRAT!
ROAR
JETZT MUSS DER BREMSPUNKT ABER GLEICH KOMMEN...
HARMS
BROOOOOOOOOOOOO
FORSICHT JAUCHE KUHLE
SO! NICH' DASS DER POSTBOTE DA NOCHMAL REINFÄLLT...
DA! DA ISSER JA!
PLATSCH
ROBOOOOOOO
MANCHMAL IST DAS LEBEN SO RICHTIG SCHEISSE...
H. AUE

DUC OUTET SICH

RAIN MAN
ROOOOO
UOOOOOO
SCHEISSE! UND KEINE REGENKOMBIS DABEI!!
PLITSCH
RASTHOF 3 km
DUCATI
OHNE MICH!
ROOOOOO
HOHO! GRADE NOCH GESCHAFFT, BEVOR'S RICHTIG LOSGING!
DIE IDIOTEN! BIS ZUM RASTHOF SIND DIE PATSCHNASS! DA WART' ICH DOCH LIEBER GEMÜTLICH AB, BIS DER SCHAUER...
ZIP!
ROAR
...VORBEI IS!
H. AUE

2 TAKTE FÜR EIN HALLELUJA!
WO FAHREN WIR DENN HEUT' MAL HIN?
ICH WEISS WAS! IN BRATZBACH IST HEUTE ZWEITAKTER-TREFFEN!
DAS SIND 140 Km.
DUC'S MÖHRE BRAUCHT 3 KOLBEN AUF 100, DAS MACHT...
MEEE
NACH 30 Km:
WAS DENN? SCHON PAUSE? IHR BAUT AB, LEUTE!
HUST! RÖCHEL! DA HAB ICH MEIN LEBEN LANG NICHT GERAUCHT, UND JETZT DAS!
ÖÖRK! LUFT! CHRRRZ...
DAS HÄLT JA KEIN SCHWEIN AUS! RÖÖÖÖCH!!
HHHRCH... AB JETZT FÄHRST DU HINTEN!
...DER NEBEL DES GRAUENS!
... DIE STELLEN SICH VIELLEICHT AN... WEGEN DEM BISSCHEN ZWEITAKTFAHNE... HAB ZWAR DIE ÖLPUMPE ORDENTLICH FETT EINGESTELLT, ABER... VON WEGEN GESTANK! BANAUSEN! DAS IST DER ATEM DER RENNSTRECKE!!! ... ABER DAVON VERSTEHEN DIE JA NIX...
BIN GLEICH SOWEIT...!
HÄLT BESSER ALS GEDACHT, WAS?
JA, JETZT SIND WIR SCHON 120 Km GEFAHREN UND ER WECHSELT ZUM ERSTEN MAL EINEN KOLBEN!
DOCH ENDLICH:
BOH, STINKT DAS HIER!
AAH, WIE DAS DUFTET!
2-TAKT POWER FESTIVAL
REEEEN
WENG
EENENENGDENG
SACHMA, ICH KANN HIER NIRGENDS 'N BIERSTAND ENTDECKEN!
WOZU ALKOHOL? HIER BIST DU NACH NER HALBEN STUNDE SOWIESO TOTAL STONED!
ROENN ROENG
WRENG WUEEEE
DRANG DLENG
PROEEEE
TANG TANG
MOOEENEEN
1:50
H. AUE

DAS NEUESTE AUS DEM FAHRERLAGER:
SCHOMAL MWAS PFON CHIP-TUNING GEHÖRT? MPF...
74
CAGIVA
MOTO mania RACING TEAM
SPEEDO Chips
JUMBO PACK
MOTO mania RACING TEAM
SCHEISS TÜR!
BONK
LUCKY SHIT
H. AUE

DAS DUELL
ABENDS, WENN AUF DER STRECKE NICHTS MEHR LOS IST, GEHT IM FAHRERLAGER ERST RICHTIG DIE POST AB:
WILLST DU'N RENNEN?
KLAR!
LIEBE MOTORSPORTFREUNDE, WILLKOMMEN ZUM HÖHEPUNKT DER SAISON: FRITZI „DÄMON" HÜGEL IN SEINEM FORMEL-SMARTIES-RENNER GEGEN MARIUS „CADALORA" BURMESTER AUF BENELLI 50! DIE STARTAMPEL IST AN UND....:
MEEN MEEN
PROOO PROOOO
ABGEHTS: „DÄMON" HÜGEL KATAPULTIERT SEINEN WAGEN MIT DER GEBALLTEN POWER SEINES 3-PS-BRIGGS & STRATTON-AGGREGATS VORWÄRTS UND.. MEIN GOTT, MARIUS „CADALORA" IST DER MOTOR SEINER BENELLI AUSGEGANGEN!!!
PAPPAAA!!
PROOOT
MOEE-BOP!
DIE BOXENCREW BRICHT IN FIEBERHAFTE AKTIVITÄT AUS, UND... ICH GLAUBE... JA, DER MOTOR SCHEINT WIEDER ANZUSPRINGEN!
SCHNELL, PAPPA, SCHNEEELL!
PRR PRR PRR PRR
5 RUNDEN SPÄTER:
... NACH EINER FURIOSEN AUFHOLJAGD IST CADALORA BURMESTER TATSÄCHLICH WIEDER AN SEINEN KONTRAHENTEN HERANGEKOMMEN, ER HÄNGT IHM QUASI IM GETRIEBE! MEINE DAMEN UND HERREN, DAS IST RENNSPORT VOM ALLERFEINSTEN!!
WAS IST DAS? IN DER MÜLLTONNENSCHIKANE VERSUCHT BURMESTER AUSSEN ANZUGREIFEN... O-O-OO, DAS KANN NICHT GUTGEHEN!
EEEE
EEN
FRITZI „DÄMON" HÜGEL SCHEINT JETZT ZUNEHMEND UNTER DRUCK ZU GERATEN UND NERVÖS ZU WERDEN...
LETZTE RUNDE: WER WIRD ALS ERSTER HINTER DEN TOILETTEN AUFTAUCHEN?...... MARIUS „CADALORA BURMESTER!! UNGLAUBLICH! IN DER SCHEISSHAUSKEHRE HAT ER SICH INNEN VORBEIGEBREMST!
JAJAJAJAA! GASGASGASGAS!
PROOT
UND DA IST DIE ZIELFLAGGE! MARIUS „CADALORA" BURMESTER GEWINNT DIESES PACKENDE RENNEN! HUNDERTTAUSENDE VON BENELLI-FANS TOBEN AUF DEN TRIBÜNEN...
MEEEEEE
MARIUS, EIN GROSSARTIGER FIGHT!! WIE WÄRS MIT EIN PAAR WORTEN AN DIE FANS?
IMMER VOLL ROHR, EY!
1
FRITZI „DÄMON" HÜGEL, WAS SAGEN SIE ZUM AUSGANG DES RENNENS?
BUÄÄÄÄÄÄH!
H. AUE

DER KLEINE UNTERSCHIED
HE DUC, WOLLN WIR MAL TAUSCHEN? BIN NOCH NIE SO'N GIFTIGEN ZWEITAKTER GEFAHREN!
NA, DANN WIRDS ABER MAL ZEIT, WAS?
IMMER SCHÖN IM GETRIEBE RÜHREN. SCHALTEN IST DAS HALBE LEBEN. ZUM ÜBERHOLEN ZWEIMAL RUNTERSCHALTEN, UND AB GEHTS!
OUHA, BIN ICH GAR NICH GEWOHNT! MEINE KUH HAT NUR 4 GÄNGE...
WEENG DELENG
WENG
SO, NU ABER! ZEIG DEINEN STACHEL, DU WILDE HORNISSE!
WEEEE
VON WEGEN GIFTIG, DA KOMMT JA GAR NIX!
ACH JA, RUNTERSCHALTEN...
MUOOOOOOO
HMM...
NOCHMAL SCHALTEN...
KLACK! MOOOOOOOOOO
KLACK! MUEEEEEE
AH, JETZT ZISCHT ER AB! WOLLN MAL SEHN, WAS DIE ALTE GUMMIKUH NOCH SO SCHAFFT!
RRRRR
KLACK! KLACK!
RAAAA
WO BLEIBT DUC DENN BLOSS? SO SCHNELL WAR ICH JA NUN AUCH WIEDER NICH... ICH DREH LIEBER MAL UM!
KREISCH! WAS HAST DU MIT MEINEM MOPED GEMACHT?
WEISS AUCH NICHT! HAB GANZ NORMAL BEI 140 ZWEI GÄNGE RUNTERGESCHALTET UND PENG!...
H. AUE

DRUCKSACHE
NEHMEN WIR AUCH NOCH EINEN?
KLAR, MANN!
BITTESEHR, DIE DAMEN!
RIESEN-BECHER KAFFEE 1,-
WURST
BOH, ICH MUSS SCHIFFEN WIE'N OCHSE!
...SCHEISS-KAFFEE!
ICH PLATZ' GLEICH!
KOMM SCHON, KOMM SCHON!! MIST, ICH KANN'S NICH', WENN JEMAND ZUGUCKT!... PEINLICH!.... ICH TU EINFACH SO, ALS WÄR ICH SCHON FERTIG...
PUH!
AAAAAH...
VERDAMMT! ICH MUSS SCHON WIEDER!!
HUAAH.... HOOOOH... MEINE BLASE! ICH HALTS GLEICH NICH' MEHR AUS...
DA VORN IST EIN PARKPLATZ... JA!... GOTT SEI DANK, SIE HALTEN AN!!
JETZT ABER SCHNELL, SONST... SCHLUCK!... WO IST MEIN STÄNDER? ICH HAB DEN STÄNDER VERLOREN!!! OOOSCHEIISEE...
LAVERDA
ZIP!
IMMER DAS GLEICHE! LANGSAM GEHTS MIR ECHT AUF DIE NERVEN, DASS DIE KERLE ALLE 10 MINUTEN PISSEN MÜSSEN!
ALLERDINGS!... HARRY SCHEINT DA JA 'NE POSITIVE AUSNAHME ZU SEIN, WAS?
HMMHMM!
OH NEE NICH SCHON WIEDER! SO'N MIST!... ABER JETZT HALT ICH ERSTMAL NICHT AN!
...ICH MÜSSTE JA WIEDER... LANGSAM WIRDS PEINLICH! ICH VERKNEIFS MIR..!
OOOAAAOOOH!
ROOOOOOOOOO
5km
O-O-OOAH... HNNNNGH!!
DOCH ENDLICH, NACH EINER SCHIER ENDLOS SCHEINENDEN FAHRT:
UFF, DAS WAR ABER HÖCHSTE EISENBAHN!
MENSCH HARRY, WIESO MUSSTEST DU EIGENTLICH DIE GANZE ZEIT NICHT PINKELN?
ZIP
ZWIT
ICH HAB JA NICH' SO NE KONFIRMANDEN-BLASE WIE IHR!
H. AUE

TJA, IS JA SOWEIT ALLES TIPTOP, ABER DER SPRITZSCHUTZ – HIER – DER SPRITZSCHUTZ, DER FEHLT !! DAS KANN ICH SO NICHT DURCHGEHEN LASSEN!
TÜV
TÜV
HONDA
MARVING

TILT!
GEIL! MEINE NEUE MEGA-POWER-ZÜNDANLAGE, WOW!
POWER-BOOSTER, POWER-ZÜNDSPULEN POWER-KERZEN..!
POWER-BOOSTER
WAS SOLL'N DER QUATSCH? WILL ICH FAHREN ODER WILL ICH FERNSEHEN? ... DUMMSCHWÄTZER!
EINBAUANLEITUNG
ACHTUNG: ZÜNDANLAGE IST NICHT ENTSTÖRT! NUR FÜR RENNEN
BUMPABUMPABUMPA TSCHIKATSCHIKATSCHIKAT BUMPABUMPA
DER LEERLAUF IS' JA SCHON MAL SCHÖN GLEICHMÄSSIG... MAL SEHN, WIE'S BEI 7000 SO AUSSIEHT...
BROBOM BODOM BODOM BODOM
BZZZZZ
ZWOSCH
BOOH, DER HÄNGT ABER AM GAS JETZT!
ROOAAA ROAAR!
AARGH, WAS ISN DAS JETZT SCHON WIEDER FÜR NE SCHEISSE HIER?!
ROAR
BODOM BODOM
ROAAR
BODOM
JA LECK MICH DOCH! MITTEN IM ENDSPIEL!! DIESER ELENDE...
PAF PAF PAF
ROAR ROAR
CHZZZZCHH BZZZCHZZZ
DRECKSKASTEN!
FUFFZICH MARK... FÜNF... NULL
GELDAUTOMAT
BZZZT ZZZF
ICH BIN REICH! REICH! REICH!
TILT
Mac Doof
DRIVE-IN

BZZZZZZ-
POUF!
WÄHRENDDESSEN:
IST ALLES EINGETRAGEN, CHEF!
WEG! SCHICKT DEN KERL WEG! ICH DARF MICH NICHT AUFREGEN!! MEIN HERZSCHRITT-MACHER ...
DA KOMMT WIEDER EINER!
POLIZEI
SCHÖNEN GUTEN TAG! DA SIND WIR WOHL EBEN EIN IDEECHEN ZU SCHNELL GEFAHREN, WAS? UND ZWAR GENAU...
POLIZEI
...MACH 3!?
DONNERWETTER, DIE ZÜNDUNG IST IHR GELD WERT!
DER AUSPUFF SIEHT MIR ABER ZIEMLICH ILLEGAL AUS! STARTEN SIE MAL DEN MOTOR, WIR MACHEN 'NE GERÄUSCHMESSUNG!
MACH 3...?
KOMISCH... DAS GERÄT ZEIGT GAR NICHTS AN! GEBEN SIE MAL MEHR GAS!
IMMER NOCH NICHTS, MEHR DREHZAHL!
MEHR GAS!
MEHR, MEHR, MEHR!
RPM
Hohl ZEITUNG
ELEKTRONIK-CHAOS IN DER STADT!
AUSSERIRDISCHE? STRAHLEN AUS DEM ALL? WISSENSCHAFTLER SIND RATLOS!
- NICHTS GING MEHR - AMPELN SPIELTEN VERRÜCKT
SPARKASSE IN 10 MINUTEN PLEITE!
LUFTHANSA-PILOT FOTOGRAFIERT AUSSERIRDISCHES WESEN IN 1700 m HÖHE!
„ER WAR GANZ GRÜN UND HATTE EINE HÄSSLICHE WEISSE MÜTZE AUF" DANN VERSCHWAND ER
H. AUE

SCHWARZFAHRER

DIE GELBEN ENGEL
MIST! MIST! MIST! DIE BATTERIE IST TOTAL LEER! HAT WOHL DER REGLER WIEDER ABGEKACKT!
UND DAS AN HEILIGABEND! WO ICH DOCH UM FÜNF BEI MUTTERN ZUM ESSEN SEIN WOLLTE...
NÜTZT NIX, ICH MUSS DEN ADAC RUFEN!
!NOTRUF
HÖREN SIE? DIE GELBEN ENGEL SIND GLEICH BEI IHNEN. SIE FLIEGEN SOZUSAGEN, HAHA! FROHE WEIHNACHTEN AUCH!
GLEICHFALLS!
SPÄTER:
SIE FLIEGEN SOZUSAGEN... PAH! WAHRSCHEINLICH MIT ZWISCHENLANDUNG AUF KUBA!
NOCH SPÄTER...
ZZZ..
..SIE...FLIEGEN.. DIE GELBSBS.. ENGELBSS..
ZZZ...
JUHUUU, DA SIND WIR!
ADAC
WOOSCH
WOW!
BUMP!
REGLER KAPUTT? KEIN PROBLEM, DA HABEN WIR DEN PASSENDEN DABEI!
DIE BATTERIE? NA, DA NEHMEN WIR DOCH GLEICH 'NE NEUE!
EINE TASSE HEISSEN TEE? ETWAS GEBÄCK?
UND EINE KUSCHELIGE WOLLDECKE...
FERTIG! BESSER ALS NEU!
TRÖÖT
ICH BIN GERÜHRT...
WIE? WAS? WO?
TRÖÖÖT
DIT HAM WA JERNE: ICK HETZ MIR AB UND DER HERR PENNT HIER JEMÜTLICH!
TJA, DA KANN ICK JAR NÜSCHT MACHEN, WA... DA MÜSSEN WA'N ABSCHLEPPWAGEN KOMMEN LASSEN, WA... DIT KANN ABA DAUERN!
AUSSADEM HA'ICK JETZ FEIERABEND!
WIE JETZT?
DA HAB ICH NE BESSERE IDEE...
BUF!
ZACK!
STRIPP
STRAPP
HILFEE!
HEE! SIE KÖNNEN MIR DOCH HIER NICH' SO HÄNGENLASSEN!
RUFEN SIE DOCH DEN ADAC!
ROAR
ROAR
H. AUE

DIE ERLEUCHTUNG
SOO, NUR NOCH DIES EINE LÄMPCHEN... O MANN, BIN ICH GESPANNT!
KLICK
IGNITION
ES WERDE LICHT!
MIST! DAS WAR DIE GRÖSSTE BATTERIE, DIE'S GIBT! UND IMMER NOCH ZU SCHWACH...
12V 150Ah
POFF!
DING DING
BZZZ
DING DING DING
HÄMMER HÄMMER! SÄÄG! BOHR LÖT! BIEG!
NA, ELSE, WAS SAGST DU?
JOAH...
HEUTE ABEND PROBIEREN WIRS AUS!
DEIN DING IST ZU KURZ, ERWIN!
QUATSCH! DU BIST ZU SCHWER, ELSE!
HAB ICH JA IMMER GESAGT...
WHSSSSS
VERDAMMT, ICH KOMM' AUS DER SCHIENE NICHT RAUS!
DING DING DING
8
DINGDING
QUIIIIEIIIIEK
ZA-CRASH!
DING
PLING
BZZZ
KUCK MAL ERWIN, JETZT GEHTS!
H. AUE

FACHMANN
MIST! DAS KUPPLUNGS-DRUCKLAGER IST HIN!
TACH FROLLEINCHEN! LASSEN SIE MICH RATEN: SIE MÖCHTEN ZUBEHÖR FÜR'N DAMENRAD!
FUSCH & KLAPPRICH ZWEIRÄDER
STIMMTS?
ICH BRAUCH' EIN KUPPLUNGSDRUCK-LAGER FÜR NE 1400er INTRUDER!
OHA, SIND SIE DA AUCH SICHER? BRINGEN SIE SIE MAL LIEBER HER, DIE WERKSTATT WIRD DANN SCHON...
ICH SAGTE: ICH BRAUCHE EIN KUPPLUNGSDRUCKLAGER!!
WARTEN SIE MAL.
EMM... SIE HAM DOCH SON TUNINGSATZ FÜR MOFAS, WO DIE DANN 120 FAHREN, DEN MÖCHT ICH!
FAHRRÄDER
HIER, MEIN JUNG'! EINBAUEN KANNSTES JA SELBST, WAS?
JOOOAH, IRGENDWIE...
VON BERLICHINGEN 75 cc BIG BORE KIT POWER
SO, ICH HAB HIER EINEN KUPPLUNGSZUG UND EINE DOSE SCHMIERSPRAY...
ABER ICH BRAUCHE...
JA, JA, BEI EUCH MÄDCHEN IST IMMER ALLES GLEICH „KAPUTT"!
...DABEI IST ES MEIST NUR 'NE KLEINIGKEIT... EIN BISSCHEN SCHMIEREN WIRKT OFT WUNDER...
JUNGER MANN! OFFENBAR HABEN WIR EIN VERSTÄNDIGUNGS-PROBLEM... WIR KOMMUNIZIEREN IRGENDWIE AUF ZWEI EBENEN!
AM BESTEN SAGEN SIE IHREM MANN, ER MÖCHTE MAL SELBST VORBEIKOMMEN. DAS MOTORRAD GEHÖRT DOCH IHREM MANN, ODER?
JETZT HÖR MAL ZU, DU HACKFRESSE: DEN KUPPLUNGSZUG KANNST DU DIR IN DEN HINTERN STECKEN, UND DAS SCHMIEREN NICHT VERGESSEN; DIE TRUDE HAT NE HYDRAULISCHE KUPPLUNG!!! – UND JETZT BEWEGST DU SOFORT DEINEN HAARIGEN BRATARSCH INS LAGER UND BRINGST MIR SO'N VERSCHISSENES DRUCKLAGER, KAPIERT?
MANCHMAL KOMMTS EBEN NUR AUF DIE RICHTIGE WORTWAHL AN....
???
FUSCH & KLAPPRICH WERKSTATT
BIG BORE KIT
7
H. AUE

KLAPPE, DIE ERSTE!
IM MORGENGRAUEN AUF DEM HÜGEL SAH ER SIE. EISKALT LIEF ES IHM DEN RÜCKEN HINUNTER: WESEN AUS EINER FREMDEN GALAXIE!!
DIE TEILNEHMER DES BMW-FAHRERLEHRGANGS AHNTEN DERWEIL NICHTS DAVON, DASS IHR TRAININGSPROGRAMM KURZ DARAUF DURCH DAS AUFTRETEN EINES ZIEMLICH VERDUTZT DREINSCHAUENDEN POLIZEI- UND MILITÄRAUFGEBOTS EMPFINDLICH GESTÖRT WERDEN SOLLTE...
POLIZEI! GSG9! KÜSTENWACHE! NATIONALGARDE!
H. AUE

KLAPPE, DIE ZWOTE
HI!
HAB'N NEUEN HELM!
...ZUM AUFKLAPPEN.
RATSCH!
AH, HEUT SCHEINT DIE SONNE, DA FAHR ICH „OFFEN"!
NIEEK
SIEHT ZWAR BEHÄMMERT AUS...
ROAR
...IS' ABER IRGENDWIE...
KRACK!
ROA
ROAAAA
...SCHEISSE!
H. AUE

Streetfighter
ROAR
BITTE, NACH IHNEN!
TURBO TERMINATOR
SARDINEN
DA HATTE DER HÖFLICHE HERBERT SICH EXTRA EINEN STREETFIGHTER GEBAUT, UM ENDLICH SEIN SOFTIE-IMAGE LOSZUWERDEN, ABER ER KONNTE EINFACH NICHT ÜBER SEINEN SCHATTEN SPRINGEN

IFMA
SHIT! WIE KONNTE DAS PASSIEREN? HAB' DOCH NUR BIS 9000 GEDREHT! UND DAS, WO ICH DOCH MORGEN NACH KÖLN ZUR IFMA WOLLTE!!
MUSS MIR DOCH UNBEDINGT DIE NEUEN LAVERDAS ANKUCKEN!
ICH KANN DIR JA MEINE MASCHINE LEIHEN!
'N JAPANER? NIEMALS! WAS SOLLEN DIE LEUTE VON MIR DENKEN? LIEBER GEH ICH ZU FUSS!
BITTESEHR...
NA JA, FÄHRT JA GAR NICHT MAL SO SCHLECHT...
ZUM GLÜCK KENNT MICH IN KÖLN KEINER!
PURRR
HA! FRÜHES KOMMEN SICHERT DIE BESTEN PARKPLÄTZE... SO, NU ABER REIN DA, BIN SCHON MEGA-GESPANNT!
IFMA
STUNDEN SPÄTER
MANN, TUN MIR DIE FÜSSE WEH VOM VIELEN RUMLATSCHEN! ICH... ACH DU DICKE...!
WELCHE ISN JETZT DIE RICHTIGE??
ICH PROBIER EINFACH ALLE DURCH... MIST, DIE WARS SCHONMAL NICHT!
DANN VIELLEICHT DIE HIER...
AUA...! ICH SETZ MICH JETZT HIER HIN UND WARTE, BIS EINE ÜBRIGBLEIBT! DIE MUSS ES DANN JA SEIN.
AM ABEND:
CHRR... ZZZZ!
CHRR... UUPS, IS' JA SCHON DUNKEL! WAR ICH DOCH GLATT WEGGERATZT!
OH, DA KOMMT WIEDER EINER...
DUSEL!
KOMISCH, DER HAT'N SCHRAUBENZIEHER ALS ZÜNDSCHLÜSSEL, HAHA... UND TRITT GEGEN DEN LENKER, SOWAS ABER AUCH...
WEG ISSER... HEE, MOMENT MAL, JETZT IS' GAR KEINE MEHR DA... DAS WAR DIE LETZTE!... DAS HEISST JA, DASS...
SCHEiiiISSEE!
H. AUE

DER HAMMER
KOMMT REIN JUNGS, UND SEHT EUCH AN, WAS DER LIEBE HARRY HIER IN ONKEL KNUTS SCHEUNE SCHÖNES GEBAUT HAT!
EIN MEISTERWERK! EIN TECHNISCHES WUNDER: PROJEKT „MEGA-HAMMER"!
ICH PRÄSENTIERE: DEN WAHRSCHEINLICH LÄNGSTEN LANGHUBER DER WELT! 3000 KUBIK AUS EINEM ZYLINDER, DAMIT VERBLAS' ICH BEIM SHOWDOWN AN DER AMPEL ALLES!!
ZYLINDER UND KOPF SIND VON EINEM ALTEN M48-PANZER, DEN REST HAB ICH VOM LANDMASCHINEN-FRIEDHOF. HIER'N BISSCHEN GEFLEXT, DA NOCH'N BISSCHEN GESCHWEISST, UND DANN ALLES IN KNUTS OLLE MAICO GEHÄNGT, FERTIG!
JO!
SIEHT AUF JEDEN FALL ZIEMLICH ZORNIG AUS!
UND JETZT FOLGT DER ERSTE PROBELAUF! ZWEI FREIWILLIGE VOR ZUM ANKICKEN!
KRATCH-
HUCH!
LOS HARRY, JETZT GIB MAL RICHTIG GAS!
BOUM
BOUM
BOUM
YIPPIIEE!
BOUM
BOUM
BOUM
BOUM
BOUM
WUAAA!
BOUM
BOUM
8 SEKUNDEN, IMMERHIN... FÜR'N AUFTRITT ALS PAUSENCLOWN BEIM RODEO WÜRDS GRADE REICHEN!
ALLE ACHTUNG!
DAS HÄTT ICH AUCH NICHT BESSER GEKONNT!
H. AUE

FAHRPRÜFUNG
...UND SCHAL-TEN, DAS MOTORRAD HAT NOCH MEHR GÄNGE, MANN! UND DA VORNE "LINKS" HAB ICH GESAGT...
ARME SAU
FAHRSCHULE SCHMOCK
JA, JA, FRÜHER BRAUCHTE MAN NUR HINTERHERZUFAHREN, DAS WAR VIEL EINFACHER. DA HAT JEDER DEPP DEN LAPPEN GEKRIEGT!
DANN MUSS DEINE FAHRPRÜFUNG JA AUCH ZU DER ZEIT GEWESEN SEIN...
MEINE AUCH! SOO EINFACH WAR DAS ABER GAR NICHT:
DER FAHRLEHRER GAB SICH GROSSE MÜHE, MIR MUT ZU MACHEN...
MIST! DU HAST HERRN DUMPFKE ALS PRÜFER. DAS IST EIN GANZ SCHARFER HUND. MAN NENNT IHN AUCH „DURCHFALL-DUMPFKE"!
BLEIB EINFACH IMMER SCHÖN HINTEN DRAN, DANN KLAPPT DAS SCHON. ALLES KLAR?
KÖNNEN WIR DENN HEUTE NOCH ANFANGEN?
HMHM!
BROOBROOBR
HI! WIE LANGE HASTN DEINE SCHON?
ICH...
UND? ZUFRIEDEN?
ÄÄH...
27 PS ODER OFFEN?
ICH...
ALSO ICH HAB MIR JA JETZT...
ÄH... ICH HAB GRAD FAHRPRÜFUNG...
ACH SO! NA DENN, IMMER SCHÖN DEN KOPF DREHEN!
WIXI ULTRA
NEU
!?
FAHRSCHULE BRATZ
WAS MACHT ER DENN? IST DER WAHNSINNIG GEWORDEN?
JA, WORAUF WARTEN SIE DENN NOCH? LOS, HALTEN SIE DEN KERL AUF!
SOWAS IST MIR IN 25 DIENSTJAHREN NOCH NIE UNTERGEKOMMEN!!
KLARER FALL VON PRÜFUNGSKOLLER!
?
RÖÖEE
FAHRSCHULE BRATZ

ICH HAB DOCH GLEICH GEWUSST, DASS MIT DEM WAS NICHT STIMMT...
UIUIUI, 90 IN DER STADT, DER DREHT VÖLLIG AB!
FAHRSCHULE BRATZ
PROOOOO
...DAS SEH' ICH DEN LEUTEN SCHON AN DER NASENSPITZE AN!
ROOOAA
NACH 25 JAHREN SIEHT MAN SOWAS GLEICH!
ARSCHGEIGE!
ROOOOOO
WOOOOA
RÖÖÖHR
BUS
141
CRASH
BLONK!
ROOOOAH
KRATCH
20 min. SPÄTER:
HA! ER WIRD LANGSAMER! JETZT GIBT ER AUF!
ICH SETZ' MICH NEBEN IHN!
KLONKAKLONKA
DURCHGEFALLEN! SIE SIND DURCH-GE-FAL-LEN!
WIR HABEN IHN!
EIS-CAFE
SIE WERDEN NIEMALS EINEN FÜHRERSCHEIN BEKOMMEN! NIEMALS, DAS SCHWÖRE ICH IHNEN!
WIE JETZT?! ICH HAB MEINEN LAPPEN SCHON 6 JAHRE!
ÄH... HALLO...?
...HAB ICH DENN NUN BESTANDEN?
H. AUE

HIER SIND 70 ERLAUBT, UND SIE SIND EBEN 250 GEFAHREN, SPORTSFREUND!
WIE SOLL ICH DENN BEI DEM TEMPO SO'N KLEINES SCHILD ERKENNEN KÖNNEN?
DUCATI 916
H. AUE

RUHE!
WERRR
DIESE SAUBANDE!
VERFLUCHTE KRAWALLBRÜDER!
DAS MUSS EIN ENDE HABEN. HIER IST DIE STAATSGEWALT GEFRAGT!
NICHWAHR, MUTTI?
JA, HERRMANN...
SIE SAGEN ES, HERR NACHBAR! WIR GEHEN VOR GERICHT!
ZWEI MONATE SPÄTER:
AN SAMSTAGEN SONN- UND FEIERTAGEN
20 km
DAS DARF DOCH WOHL NICHT WAHR SEIN!!
ICH BRECH' INS ESSEN!
ERSCHÜTTERND!
WAS HÖREN WIR DENN DA?
NICHTS HÖREN WIR!
IST DAS NICHT HERRLICH, HERR NACHBAR? ENDLICH RUHE AM WOCHENENDE!
JAWOLL, SIEG AUF GANZER LINIE, MEIN BESTER!
ALSO, 'N SCHÖNEN SONNTAG NOCH!
PORRR
WAS?
MÖÖÖÖÖÖ
RÖÖAAAAWOOOORRRR
WRRRRRR
MÄÄÄÄÄH
MÖÖÖÖÖ
PROOOAAAOOO
H. AUE

Hard-Bock Café
WAS HAST'N DU DA ?
MEIN HANDY!
Hard-Bock Café
IST DIR DAS NICH' PEINLICH? DIE HALTEN DICH HIER DOCH ALLE FÜRN YUPPIE!
ICH MUSS ES DABEI HABEN, FALLS EINER AUS DER FIRMA ANRUFT! BIN DOCH DER EINZIGE, DER DA VON IRGENDWAS AHNUNG HAT...
OH NEIN! ICH GEHÖR' NICHT DAZU!
TÜDELÜDELÜÜT!
HALLO ?
H.O.G.
BIKER-AIRBAG
H. AUE

ACHTUNG FRAUENFEINDLICH!
NICHT SO SCHNELL!
NICHT SO SCHRÄG!
PASS AUF, DA IST EIN ÖLFLECK!
O GOTT, DER BORDSTEIN!
VORSICHT, DAS AUTO!!
GIB DOCH NICHT SO VIEL GAS, DAS IST ZU LAUT!
VROM
ROP ROP ROP
BOH, WIE SOLL DAS ERST WERDEN, WENN WIR FAHREN!?
ACHTUNG, DIE STRASSE!
ROPROP VROM BOM
H. AUE

DIENSTREISE

DER ENDURO-LEHRGANG
DAS SIND EURE INSTRUKTOREN, DETLEV UND JAN. DIE WERDEN EUCH JETZT ZWEI TAGE LANG ZEIGEN, WO DER HAMMER HÄNGT! VIEL SPASS!
MOIN!
ENDUROFUN Tours
ALSO LEUTE! GAANZ LANGSAM UM DIE PYLONEN RUM!
HA! DAS IS LEICHT!
DEPP!
UND JETZT GEHTS IN DEN TIEFSAND! DA GIBTS NUR EINE DEVISE:
GULP!
GASGASGASGASGAS GASGAAAS!
URSPRÜNGLICH ANGESTREBTE FAHRTRICHTUNG
GASGASGASGAS!!!
PROOOOOO
WAR DAS GUT?
SEUFZ! WIE SAG ICH'S IHM, OHNE IHN ZU BELEIDIGEN?
KUHSCHEISSE! ICH BIN VOLLER KUHSCHEISSE!
DAS WAR JA WOHL NIX!
STIMMT, DER WAR LÄCHERLICH! ABER DEN NÄCHSTEN SPRUNG, DEN MACH ICH MIT SCHMACKES!
HÜPF!
O SCHEISSE IS DAS HOCH! HILFEE!
NA, WIE WAR DER LEHRGANG?
ASTREIN!! OFFROAD-FAHREN IS KINDERLEICHT! N'BISSCHEN BEGABT MUSS MAN NATÜRLICH SCHON SEIN... ICH KAUF MIR JETZT NE EIGENE ENDURO!
...SOBALD ICH DEN TOTALSCHADEN AN DER LEIHMASCHINE BEZAHLT HAB...
FASTER! FASTER! FASTER!
H. AUE

LÄUFER SCHLÄGT DAME!
HE, ATZE, DU KANNST JETZT DAS DRITTE PLEUEL EINBAUEN!
MIST!
SPEZIAL-WERKZEUGE
EILIG!

PILLEROY & ZOSCH
PRÄSENTIERT:
MOTOKLO
SCHEISSEN WIE EIN WELTMEISTER!
VENTILATOR
SIMULIERT FAHRTWIND UND SORGT FÜR FREIES ATMEN
INSTRUMENTE
ZEIGEN DAUER DER SITZUNG, NETTOGEWICHT BZW. LITER AN
KLOPAPIERROLLE
AUF 6,5 × 17 ZOLL-MAGNESIUMFELGE (WAHLWEISE VERCHROMTES SPEICHENRAD
GEFÜHLSECHTE TOILETTENBRILLE
EIN ELEKTROMOTOR ERZEUGT ECHTE VIBRATIONEN NACH WUNSCH. VOM STAMPFENDEN EINTOPF BIS ZUM HOCHFREQUENTEN KRIBBELN EINES 14000 U/ DREHENDEN VIERZYLINDERS. (DREHZAHL WIRD DURCH GASGRIFF GESTEUERT)
BILDSCHIRM
MIT NÜRBURGRING-VIDEOS WAHLWEISE ROUTE 66 ODER PARIS-DAKAR
KUPPLUNGS-HEBEL
LÖST DIE SPÜLUNG AUS
SPÜLKASTEN
MIT MARKENEMBLEM IHRER WAHL
H. AUE
SUPER STEREO SOUNDSYSTEM
3 VARIANTEN ZUR AUSWAHL: 1 SPORT (SIEHE OBEN)
2 MODELL LOW RIDER, SITZHÖHE 20 cm
3 MODELL HARD ENDURO
EXTRA HOHE AUSFÜHRUNG
KLOPAPIER: ORIGINAL PARIS-DAKAR-ROADBOOK
ACHTUNG! SPÜLKASTEN-INHALT NUR 3 LITER
DECKEL ALS SISSYBAR
BRILLE MIT LEDERBEZUG (NIETEN GEGEN AUFPREIS)
GEZACKTE FUSSRASTEN FÜR SICHEREN HALT

EWIGE TREUE
HE, NACHBAR! DAMIT WILLST DU DOCH NICHT ETWA DAS 250er-RENNEN FAHREN?
NATÜRLICH! ICH BIN SCHON IMMER MZ GEFAHREN. UND MEINER MARKE BLEIB ICH TREU!
DIE ANDEREN FAHREN ALLE SCHNELLE HONDAS UND YAMAHAS UND SO... DA SIEHST DU DOCH KEINEN STICH, MANN!
NA UND? FÜR MICH GEHTS HALT UM DIE EHRE! ICH... HEE... MOMENT MAL... DAS IST DOCH...
... TONI MITTENMANG, DER EX-WELTMEISTER!!
TONI! HELD MEINER JUGEND! DU BIST DOCH EIN MANN, DER KEINE HERAUSFORDERUNG SCHEUT...
JAJA...
WAS HÄLTST DU DAVON, MIT MEINER MZ DAS RENNEN ZU FAHREN? ICH HAB DAMIT KEINE CHANCE, ABER WENN DU FAHREN WÜRDEST...
ICH WEISS NICHT..
...ABER ES GEHT DOCH UM MEHR ALS NUR DAS RENNEN! ES GEHT UM DIE ZUKUNFT EINER EHRWÜRDIGEN MOTORRADMARKE! DIE JAPANER RUINIEREN UNSERE WIRTSCHAFT, MZ STEHT KURZ VOR DER PLEITE!! TAUSENDE VON ARBEITERN WÜRDEN DANN IHREN JOB VERLIEREN UND IHRE KINDERLEIN MÜSSTEN VERHUNGERN! DU KÖNNTEST ZU IHRER RETTUNG BEITRAGEN! SÄMTLICHE SACHSEN WÜRDEN DIR EWIG DANKBAR SEIN!!
NA GUT, ICH MACHS! ABER INKOGNITO, ICH FAHR UNTER DEINEM NAMEN.... WELCHEN STARTPLATZ HAB ICH DENN?
29...
VON WIEVIELEN?
29!
DIE FAHRER DER 250 CC-KLASSE BITTE IN 10 MIN. ZUM VORSTART!
HAHAHA!
HAHAHAHA!
GRRR! NA WARTET, EUCH WERD ICHS SCHON ZEIGEN...
HEHEHE!
DAS FELD IST GESTARTET! ALLE SIND GUT WEGGEKOMMEN, NUR DIE NUMMER 99 SCHEINT ETWAS ANLAUF ZU BRAUCHEN....
MEINE FRESSE, DIE KISTE GEHT JA ÜBERHAUPT NICHT! DA GIBTS NUR EINS: DAS GAS VOLL STEHENLASSEN UND BIS INS ZIEL NICHT MEHR BREMSEN!
MUÖÖ
EEEOOOOO
DAAAAÄ
WEEEEEEEN
ETLICHE RUNDEN SPÄTER:
LIEBE MOTORSPORTFREUNDE, DAS IST SENSATIONELL: NUMMER 99 HAT SICH AUF EINER URALT-MZ DANK SEINER LEBENSVERNEINENDEN FAHRWEISE VOM LETZTEN STARTPLATZ BEREITS BIS AUF PLATZ 5 VORGEKÄMPFT!!
MEERÖÖ
...IN DER LETZTEN SCHIKANE VOR DEM ZIEL GEHT NR. 99 IN FÜHRUNG!! UND DAS AUF EINER LINIE, DIE ES EIGENTLICH GAR NICHT GEBEN KANN, DAS IST JA WIE BEI TONI MITTENMANG IN SEINEN BESTEN ZEITEN!! DIESER FAHRER IST ENTWEDER EIN GENIE ODER KOMPLETT GEISTESGESTÖRT!
WEEOOOO
NR. 1 VERSUCHT NOCH EINMAL ZU KONTERN, DOCH ES REICHT NICHT GANZ.... NR. 99 GEWINNT DAS RENNEN MIT EINER RADLÄNGE VORSPRUNG!!! EIN SIEG FÜR MZ, DASS WIR DAS NOCH ERLEBEN DÜRFEN!
BOH! DAS WAR DAS SCHLIMMSTE RENNEN MEINES LEBEN, DAS SAG ICH DIR! HIER, DEINE SIEGPRÄMIE. DAVON KANNST DU DIR VIELE SCHNELLE RENNTEILE FÜR DIE „EMME" KAUFEN...
BIN ICH BLÖD? DAMIT KANN ICH MIR ENDLICH NE HONDA LEISTEN!!
H. AUE

DEZEMBER 24
MEIN PAPA SAGT, DASS DER WEIHNACHTSMANN DURCH DEN KAMIN KOMMT UND HO, HO, HO MACHT.
KLAUSI HAT GESAGT, ER KOMMT DURCHS KLO!
DAS KANN NICHT SEIN, ICH WAR IMMER GRAD AUF KLO, WENN ER KAM!
WEIHNACHTSMANN SPIELEN FÜR MEINEN KLEINEN NEFFEN... WORAUF HAB ICH MICH DA NUR EINGELASSEN?
SIEHT RICHTIG ECHT AUS!
HOU, HOU, HOU!
JETZT NOCH DIE MÜTZE ÜBERN HELM, UND AUF GEHTS!
UMPF!
ÄCHZ!
LAVERDA
STII-HILLEE NAACHT..
ROOAAA
FRÄS!
HOPPLA, HIER MUSS ICH JA REIN!
BROBOOO
SCHLUCK! GLATTEIS!!
OOuoOOOOo...
ROBROOO
DERWEIL, AM ENDE DER STRASSE:
..VOM HIIIMMEL HOOCH DA KOMM ICH HEER..
OOOOVERDAMMTE KAAAAAA
AACKEEEEE!
KLIRR
KLASSE!
AM NÄCHSTEN MORGEN:
UNSER KAMIN WAR VERSTOPFT...
... ICH WAR GRAD AUFM KLO!
ICH HAB IHN GESEHEN, ICH HAB IHN GESEHEN!!
ECHT?
KLAR! ALLES QUATSCH MIT DEM KAMIN UND DEM KLO! ER KOMMT AUF SEINEM SACK DURCHS FENSTER UND SCHREIT „VERDAMMTE KACKE!"
H. AUE 94

STARTEN DURCH
IN NEUE ABENTEUER!

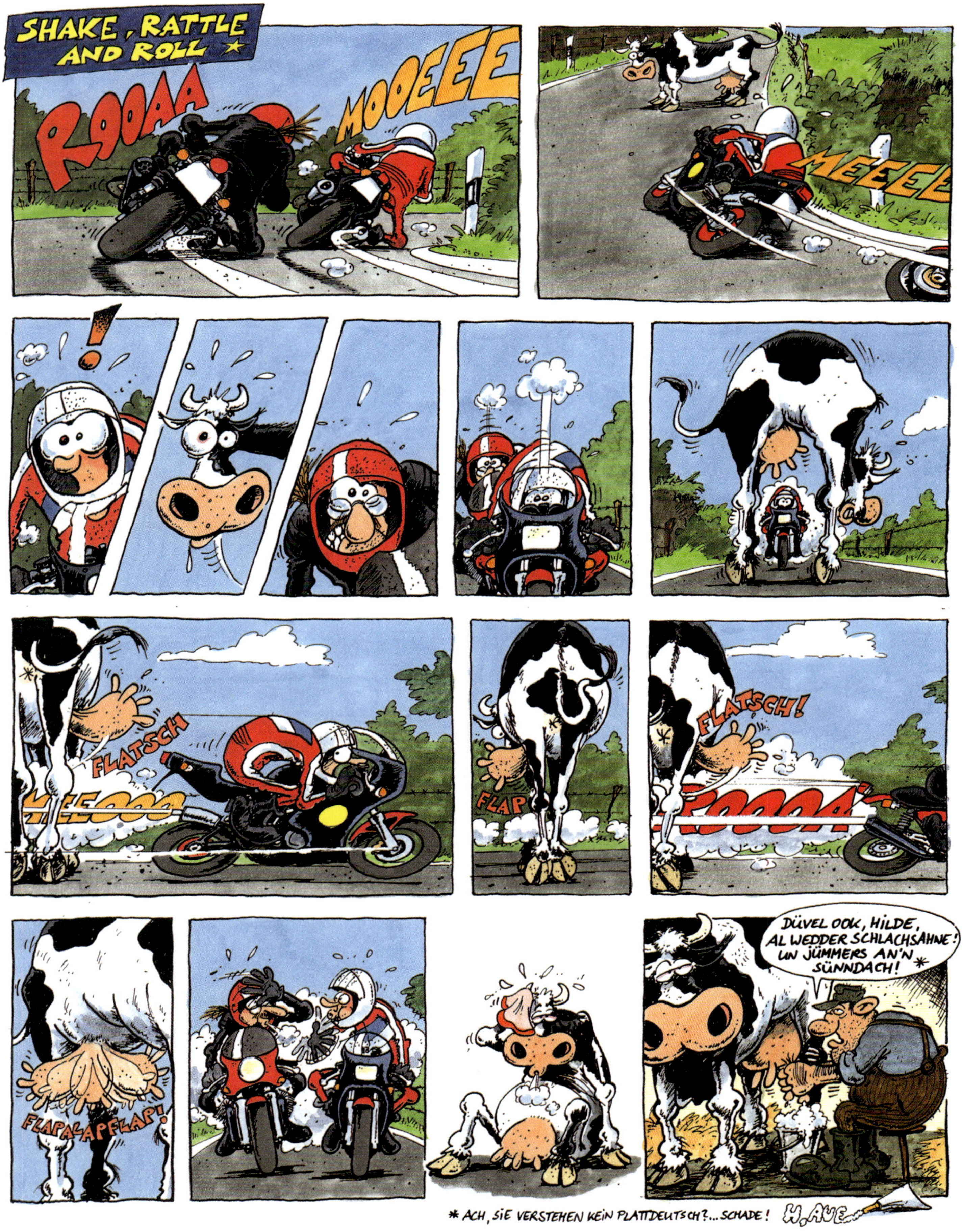
SHAKE, RATTLE AND ROLL *
R00AA
MOOEEE
MEEEE
!
FLATSCH
FLAP
FLATSCH!
FLAPALAPFLAP!
DÜVEL OOK, HILDE, AL WEDDER SCHLACHSAHNE! UN JÜMMERS AN'N SÜNNDACH! *
* ACH, SIE VERSTEHEN KEIN PLATTDEUTSCH?... SCHADE!
H. AUE

RUNTER KOMMEN SIE IMMER
KUCK MAL, HAST DU SCHON MEINE NEUE GABEL GESEHN?
'NE LANGSTRECKEN-RENNGABEL! MIT SCHNELLVERSCHLÜSSEN!
GEIL, WAS?
HIER! MAN MUSS NUR DIESE SCHRAUBE LÖSEN, AUFKLAPPEN, ...
KLAPP
...UND ZACK!
GENIAL!
ICH BAU'S SCHNELL WIEDER EIN, WILL MAL EBEN NOCH NE KURZE PROBEFAHRT MACHEN!
ABER BEEIL DICH, DIE ANDEREN MÜSSEN GLEICH HIER SEIN!
JAJAJA!
HEKTIK
UND AB GEHTS!
WUOO
!
GULP! WIE SOLL ICH'N JETZT BLOSS WIEDER ANHALTEN?
BUMP
BUMP
HILFE!
WUOO
WO ISN BERND?
DER MÜSSTE GLEICH WIEDER HIER VORBEIKOMMEN... AH, DA ISSER JA!
STUNDEN SPÄTER:
95. RUNDE!
JETZT WEISS ICH AUCH, WARUM DAS NE LANGSTRECKENRENNGABEL IS!
SO LANGSAM MUSS IHM ABER MAL WAS EINFALLEN, GLEICH IS NÄMLICH DER SPRIT ALLE!
H. AUE

WETTEN, DASS...
ALSO, WER VON EUCH BEIDEN IST DENN NU DER SCHNELLERE?
MOTO LAVERDA
DUCATI
ICH NATÜRLICH! DEN ALTEN NASENBOHRER MACH ICH DOCH SOWAS VON NASS!
HA! DICH NACHTWÄCHTER HÄNG ICH DOCH AUF EINEM ZYLINDER AB!
DAS MUSS AUSGEFAHREN WERDEN. GLEICH NÄCHSTES WOCHENENDE IN ASSEN! UND DAMIT SICHS AUCH LOHNT, MACHEN WIR MEINE LIEBLINGSWETTE: DER SIEGER KRIEGT DAS MOTORRAD VOM VERLIERER!
SCHLUCK!
NA GUT, EINVERSTANDEN!
O GOTT, WARUM HAB ICH IDIOT MICH BLOSS DARAUF EINGELASSEN? MIR MUSS WAS EINFALLEN, MIR MUSS WAS EINFALLEN!!!
ALSO ABGEMACHT? DIE WETTE GILT!
ICH GLAUBE, ICH HAB DA NE IDEE...
DER TAG DER ENTSCHEIDUNG ERWACHT MIT DEM ERSTEN HAHNENSCHREI
BROPROPROP_ ROAR! SPOTZ! BROPROP...
DIE AKTEURE BEREITEN SICH MENTAL AUF DAS RENNEN VOR.
JUCK-PULVER
HINNERK
BRUNZO-BLAST 500 ABFÜHR-MITTEL
HOLLI
ALSO DANN: FAIR GEHT VOR!
GENAU! MÖGE DER BESSERE GEWINNEN!
HÖ, HÖ!
GNEHEHE!
48
74
ROAAA

TEIL 2
ICH BREMS NICHT ALS ERSTER...
VERDAMMT! WAS ISN JETZT LOS? AAH! OOH!
KRATZ KRATZ KRATZ
HA! ES FUNKTIONIERT! DIE CAGIVA GEHÖRT PRAKTISCH SCHON MIR!
STÖHN! WIE WIRD MIR? MEIN GEDÄRM REBELLIERT!
GURGEL
PUUP
AH, ES BEGINNT ZU WIRKEN, JETZT SCHLÄGT HINNERKS GROSSE STUNDE!
HHHAAAAH! HOOOAH!
HASTA LA VISTA, BABY!
ROOOOOOAR
RUMOR! KOCH! BRODEL!
UMPF! EIN KÖNIGREICH FÜR EIN KLO!
BRUNZ
HEHEE, DAS WARS DANN WOHL! GLEICH SCHEISST ER SICH DIE HOSEN VOLL!
LETZTE RUNDE! HAHAA, DAS HOLT ER NICHT MEHR AUF!
O SCHEISSE, ICH GLAUB, ICH PLATZ GLEICH, ICH... ICH...
BRAAAAAAAAA
BRODEL
ROOOOOOOOOOOOOOO
PFURZ! FRRRRRRRRRRRRRZZZT
UNENTSCHIEDEN!
...UND NU?
OH, HAB ICH DAS VERGESSEN ZU SAGEN? WENN KEINER GEWINNT, KRIEG ICH BEIDE MOTORRÄDER!
H. AUE

WAS IST DER SCHÖNSTE TAG DES JAHRES? WEIHNACHTEN? GEBURTSTAG? DER ERSTE SEX MIT DER NEUEN FLAMME? NEIN! ES IST DER TAG, AN DEM DIE SAISON BEGINNT!
ALTE SAU! ICH KRIEG DICH ZUM LAUFEN, UND WENNS IM OKTOBER IS!!
KICK
KICK
KICK
KICK!
KICK!
KICK
KICK!
KICK!
KICK!
KICK!
KICK!
KICK!
KICK!
KICK!
KICK!
KICK
KICK!
KICK
KICK
KICK!
KICK!
KICK!
KICK!
KICK!
KICK!
H. AUE

GENAU SO'NE ZÜNDAPP HATTE ICH AUCH MAL!
JAWA
H. AUE

NEULICH AUF DER NORDSCHLEIFE
ICH LIEBE DIESE KURVE!
ICH HASSE DIESE KURVE!!
CLAUDIA 18 UHR 30
ICH MUSS SCHIFFEN!
93
95
9
HAB ICH SCHON ERZÄHLT, DASS ICH LETZTENS BEIM MOTORRAD-PERFEKTIONSTRAINING AUF DEM NÜRBURGRING WAR?
AM MONTAGABEND KONNTE MAN SCHON MAL ERSTE KONTAKTE ZU DEN ANDEREN TEILNEHMERN KNÜPFEN...
ICH HAB IMMER SCHISS IN DEN KURVEN! ICH HOFFE, DASS ICH HIER WAS LERNEN KANN!
ICH MUSS NIX LERNEN. ICH KANN ALLES!
HALLO! ICH HEISS' BRUNO! WO IS'N HIER DIE SCHNELLSTE GRUPPE? ICH BIN NÄMLICH FRÜHER RENNEN GEFAHREN, MÜSST IHR WISSEN...
DIE RING-NEULINGE HATTEN NATÜRLICH ANDERE TRAININGSSCHWERPUNKTE...
ICH WILL VOR ALLEM MEIN BREMSVERHALTEN OPTIEMISIEREN!
ICH HAB NOCH PROBLEME MIT DEM WEIT VORAUSSCHAUEN...
ICH KOMM NICHT ÜBER 20 GRAD SCHRÄGLAGE
ICH BIN SCHON GANZ NERVÖS!
GANZ LOCKER! HIER WIRD KEINER ÜBERFORDERT!
PAH! DAS IST NIX FÜR MICH!
...ALS DIE ALTEN NORDSCHLEIFEN-PROFIS!
WIR SIND SCHON ZUM 49. MAL DABEI
DIESMAL WOLLEN WIR DIE ACHT MINUTEN KNACKEN!
ICH FAHR FAST JEDEN TAG AUF DEM RING!
HIER BIN ICH RICHTIG!
OB ICH HIER WOHL RICHTIG BIN...?
NACH EINEM ERFOLGREICHEN GROSSVERSUCH IN MASSENHYPNOSE GING ES DANN MORGENS ENDLICH AUF DIE STRECKE!
WIR SIND GAANZ LOCKER.... DER ATEM GEHT RUUHIG... DIE UNTERLIPPE HÄNGT LOCKER.. WIR FÜHLEN... FÜHLEN UNS ... FÜLLNSS.. BZZZZZZ...
DA DER TREND JA MOMENTAN KLAR ZUM ZWEITMOTORRAD GEHT, HATTE ICH MIR EIN PAAR TAGE VORHER EINEN GEBRAUCHTEN RENNER AUS BOLOGNA ZUGELEGT
SCHEISSE! DER KÜHLER KOCHT!
KÜHLWASSER-TEMPERATUR 140°C
111
PFFFFFFFFFFFT

ZUM GLÜCK IST FÜR SOLCHE FÄLLE OBERSCHRAUBER MIKE VOR ORT!
TJA, DIE WASSERPUMPE ISCH IM ARSCH!
...DES IDALIENISCHE GLUMP!
KRIEGET MER SCHO WIEDER HI...
BEI SO EINEM TRAINING LERNT MAN SEIN MOTORRAD BALD GANZ GENAU KENNEN... AUCH DIE INNEREN WERTE!
GRR! MAN MUNKELT, DASS DER TREND ZUM DRITTMOTORRAD GEHT...
DES IS A MORDSGAUDI, WOS?
ECHT SUPER, DU!
WÄHRENDDESSEN WAREN ALLE ANDEREN SCHON VOLL IN AKTION: Z.B. BEI DEN LANGSAMFAHRÜBUNGEN. DA WERDEN SCHON MAL STÄRKEN UND SCHWÄCHEN AUFGEDECKT.
HEE, ALLE HÜTCHEN GETROFFEN!! WAR DAS JETZT GUT SO?
AUA!
ANDERE TRAINIERTEN AUF DER KREISBAHN DIE REALISTISCHE SELBSTEINSCHÄTZUNG. HIER KONNTE JEDER AUSGIEBIG SCHRÄGLAGEN ÜBEN....
LASS MICH MAL! ICH BIN NÄMLICH FRÜHER MAL RENNEN GEFAHREN, MÜSST IHR WISSEN!
DAS GEHT NOCH VIEL SCHRÄGER, BRUNO, FAHR NOCHN PAAR RUNDEN!
DENN SCHLIESSLICH ZÄHLT, WAS AM ENDE DABEI RAUSKOMMT!
IS GUT BRUNO, KANNST AUFHÖREN!
HURK!
DIE NORDSCHLEIFEN-„FRISCHLINGE" HATTEN ANFANGS NOCH ALLE HÄNDE VOLL ZU TUN. NICHT NUR MIT DER RICHTIGEN LINIE DURCH DAS ENDLOSE KURVENLABYRINTH...
WIE WAR DAS JETZT...? BREMSEN, EINLENKEN, UMLEGEN, GAS ANLEGEN, UNTERLIPPE HÄNGENLASSEN...!
WEIIIT VORAUSSCHAUEN, WEIIIT...
IRGENDWAS MACH ICH NOCH FALSCH! WENN ICH NUR WÜSSTE, WAS.....!?
...UND JETZT AUF DER IDEALLI... MIST! WIEDER DANEBEN!!
BEI DEN ERFAHRENEN RING-ROUTINIERS DAGEGEN DARF ORDENTLICH ROHR GEGEBEN WERDEN. GELEGENTLICH STÖSST MAN DABEI AUF MERKWÜRDIGE PHÄNOMENE IN DER FEINMOTORIK:
DAS SCHWEDENKREUZ GEHT EIGENTLICH AUCH VOLL!
200! JETZT KOMMT DER LINKSKNICK... DA! ES PASSIERT SCHON WIEDER: MEIN FINGER TIPPT GAANZ KURZ DIE BREMSE AN! GEGEN MEINEN WILLEN!!... DER SCHEISS-FINGER, DER!
ICH BAU IHM DIE BREMSE AUS....
EINIGE STOSSEN AUCH AUF IHRE GRENZEN...
OGOTTOGOTT! ICH GLAUB, ICH HAB EINGENÄSST!!

... UND STELLEN FEST, DASS DER MUND MAL WIEDER GRÖSSER WAR ALS DAS FASSUNGSVERMÖGEN DER UNTERWÄSCHE!
SCHLUCK! BEI DER NÄCHSTEN PAUSE WECHSEL ICH ERST DIE UNTERHOSE UND DANN DIE GRUPPE!!
IRGENDWAS STINKT HIER ...
DIE INSTRUKTOREN AGIEREN IN BESONDEREN FÄLLEN MIT VIEL EINFÜHLUNGSVERMÖGEN ...
SO SO, DU HAST ALSO MAL RENNEN GEFAHREN!?
NA JA, FRÜHER HALT ... MIT DER FUFFZIGER KREISCHLER ... AUF DER DORFSTRASSE ...
UND BIS JETZT HAT NOCH JEDER DIE PASSENDE GRUPPE GEFUNDEN!
HALLO LEUTE! ICH FAHR JETZT MAL BEI EUCH MIT!
NACH EINEM LANGEN TAG AUF DER RENNSTRECKE FOLGT ABENDS DIE NACHBEREITUNG IM „THEORIE-RAUM". DAS DAUERT MEISTENS ZIEMLICH LANGE ...
UND ICH SAG DIR, DAS SCHWEDENKREUZ GEHT OHNE BREMSEN!
JA, JA! MEIN PROBLEM IST EHER MEDIZINISCHER NATUR!
DAS KOMMT VOM VIELEN SCHRAUBEN!
WAS ISCHT LOS?
BEI DEN MORGENDLICHEN ENTSPANNUNGSÜBUNGEN WAREN DANN AUCH ALLE MIT GROSSEM EINSATZ BEI DER SACHE.
WIR ATMEN GLEICHMÄSSIG UND SIND GAANZ ENTSPANNT ...
CHRRR
ZZZZZZ
CHRRR
CHRRRZ-
PFFFF...
DAS ANSCHLIESSENDE SEKTIONSTRAINING ERHIELT DURCH DEN TYPISCHEN EIFELER MORGENNEBEL EINEN BESONDEREN REIZ:
ALSO: GENAU HIER WIRD EINGELENKT, DANN BLEIBEN WIR HIER CA. ½ METER VON DEN CURBS WEG UND BESCHLEUNIGEN DORT ÜBER DEN WEISSEN PUNKT WIEDER RAUS .... ALLES KLAR?
ALLES KLAR!
HAT NOCH JEMAND FRAGEN?
JA, ICH, ÄH.. WO IST MEIN MOTORRAD?
DEN REST DES TAGES WURDE DANN WIEDER BEHERZT AM QUIRL GEDREHT. UND SIEHE DA ...
ICH BIN GEHEILT!!
EIN ERFOLGSERLEBNIS JAGTE DAS ANDERE!
JAA! DIE FUSSRASTE HAT GEKRATZT, DAS SCHÖNSTE GERÄUSCH, DAS ICH JE GEHÖRT HAB!!
SCHRAPP!
UND AM ENDE KONNTE JEDER ETWAS FÜR KÖRPER, GEIST UND SEELE MITNEHMEN
ALI-MOBIL
SCHON GEHÖRT? DU HAST DIE WERTUNGSRUNDE GEWONNEN!
ÄÄCHT?
WO KANN ICH MICH FÜR DIE NÄCHSTEN 10 TRAININGS ANMELDEN?
UND WEIIT VORAUSSCHAUEN!
ACHTUNG...
SIEH NUR! SIEH DOCH NUR!
DU SOLLTEST UNBEDINGT RENNFAHRER WERDEN! ICH KÖNNTE DEIN MANAGER SEIN, ICH BIN NÄMLICH FRÜHER SELBST RENNEN GEFAHREN ...
PLOP!
HALLO MUTTI!
AKUTER FALL VON NÜRBURGRING-SUCHT
H. AUE

NEUES VOM HÖFLICHEN HERBERT
ANGENEHM!
DER HÖFLICHE HERBERT HATTE SICH ZU SEINEM STREETFIGHTER ENDLICH AUCH DEN PASSENDEN HELM ZUGELEGT:
... MIT DEM SCHWÄRZESTEN VISIER, DAS ES GIBT!
TURBO TERMINATOR
DUMMERWEISE KANN MAN DAMIT SO GUT WIE NICHTS SEHEN! ... ICH GLAUBE, ICH HAB MICH VERFAHREN!
KIOSK
ROPROPROP
ENTSCHULDIGEN SIE BITTE ...
... MEINE DAME, KÖNNTEN SIE MIR BITTE SAGEN, WO ...
KIOSK
WAAAAH!
SCHRUNZ!
RÖÖÖHR
?!
HAB ICH WAS FALSCHES GESAGT? ... HÄTT ICH LIEBER „GNÄDIGE FRAU" ODER „TEUERSTE" SAGEN SOLLEN?
TURBO TERMINATOR
H. AUE

SHOW-TIME!

HE, DA KOMMT VOLLGAS-KRAUSE! PASS AUF, DER ZIEHT BESTIMMT WIEDER NE GEILE SHOW AB!
ROP-ROOOP-
ROPROPOOOP-
BROOP
EIS CA
BROPP-ROOOOOO
POF
SCHRUNZ!
KLOPF KLOPF KLOPF
HO-HO-HO!
HA-HA-HA...!
WIE DER SOWAS WEGSTECKT... ECHT KLASSE!
PROOP
SO COOL MÖCHT ICH AUCH MAL SEIN...
HEILE, HEILE GÄNSJE, 'S WIRD SCHON WIDDER GUUUT...
SCHLUCHZ! MAMMAAAA...
H. AUE

HEISSER SAND
HINTER DER NÄCHSTEN DÜNE MÜSSTE DIE PISTE NACH QUED-AL-HUDSCHI KOMMEN...
NICHTS! UM HIMMELS WILLEN, ICH HAB MICH VERIRRT!
WARUM MUSSTE ICH AUCH IN DIE SAHARA FAHREN? IN SÜDTIROL ISSES DOCH AUCH SCHÖN!
ROO.OOO
ETLICHE DÜNEN WEITER...
DAS WARS! KEIN SPRIT MEHR! AUS! ENDE! FEIERABEND!
BROB-bob-bob-bob-
POF!
DAS WASSER IST AUCH ALLE! ICH WERD HIER JÄMMERLICH VERRECKEN!
...VIELLEICHT FINDET JA IN 20 JAHREN JEMAND MEINE VERDORRTEN ÜBERRESTE UND SAGT: „MEIN GOTT, DAMALS GAB ES NOCH ECHTE HELDEN!"
VIELLEICHT SAGEN SIE AUCH: „WAS MUSS DAS FÜR EIN VOLLIDIOT GEWESEN SEIN!"... SEUFZ!... IST JA JETZT SOWIESO WURSCHT...
WAHRSCHEINLICH WIRD MICH NIE EINER FINDEN! BUHUHUU!
HOTEL
Disco
H. AUE

ZIRKUS KNIE

HEY, HEY, HEUTE GANZ WICHTIG MIT KNIESCHLEIFERN!
WAS IST DAS DENN? DIE SIND JA NOCH GANZ JUNGFRÄULICH!
HIER, SO MÜSSEN DIE SCHLEIFER AUSSEHEN, SONST WIRKTS ALBERN!
HÖ HÖ HÖ
JA, WENN SCHON DENN SCHON!! ODER BIST DU ETWA'N SCHISSER?
GNEHEHE!
WIE PEINLICH! BIS MORGEN MUSS ICH DIE DINGER IRGENDWIE ANSCHLEIFEN, SONST MACH ICH MICH HIER VÖLLIG ZUM POPANZ!
VERDAMMT, ES GEHT NICHT! ICH KOMM EINFACH NICHT WEITER RUNTER!
WAS MACH ICH BLOSS? MIT NER FEILE DRANGEHEN? NEE, DAS SIEHT NICHT ECHT AUS... HE, MOMENT MAL, DA FÄLLT MIR WAS EIN!
EIN WENIG KLEBER...
ETWAS KLETTFILZ...
...FERTIG!
HA! WAS BIN ICH DOCH FÜR EIN PFIFFIGES KERLCHEN!
SCHRAAAP!!
PERFEKT!
SCHURKE!
ACH DU SCHEISSE!
HALLO! DU KOMMST MIR HEUTE IRGENDWIE SO GROSS VOR...
SAG MAL, WO HAST'N DEINE KNIESCHLEIFER GELASSEN?
INTERESSANTE STIEFEL HAST DU, WIRKLICH INTERESSANT!
AU WEIA, WENN DAS DIE ANDEREN ERFAHREN! ABER WIR KÖNNEN SCHWEIGEN.... NACH EINEM 5-GÄNGE-MENÜ BEIM ITALIENER!
H. AUE

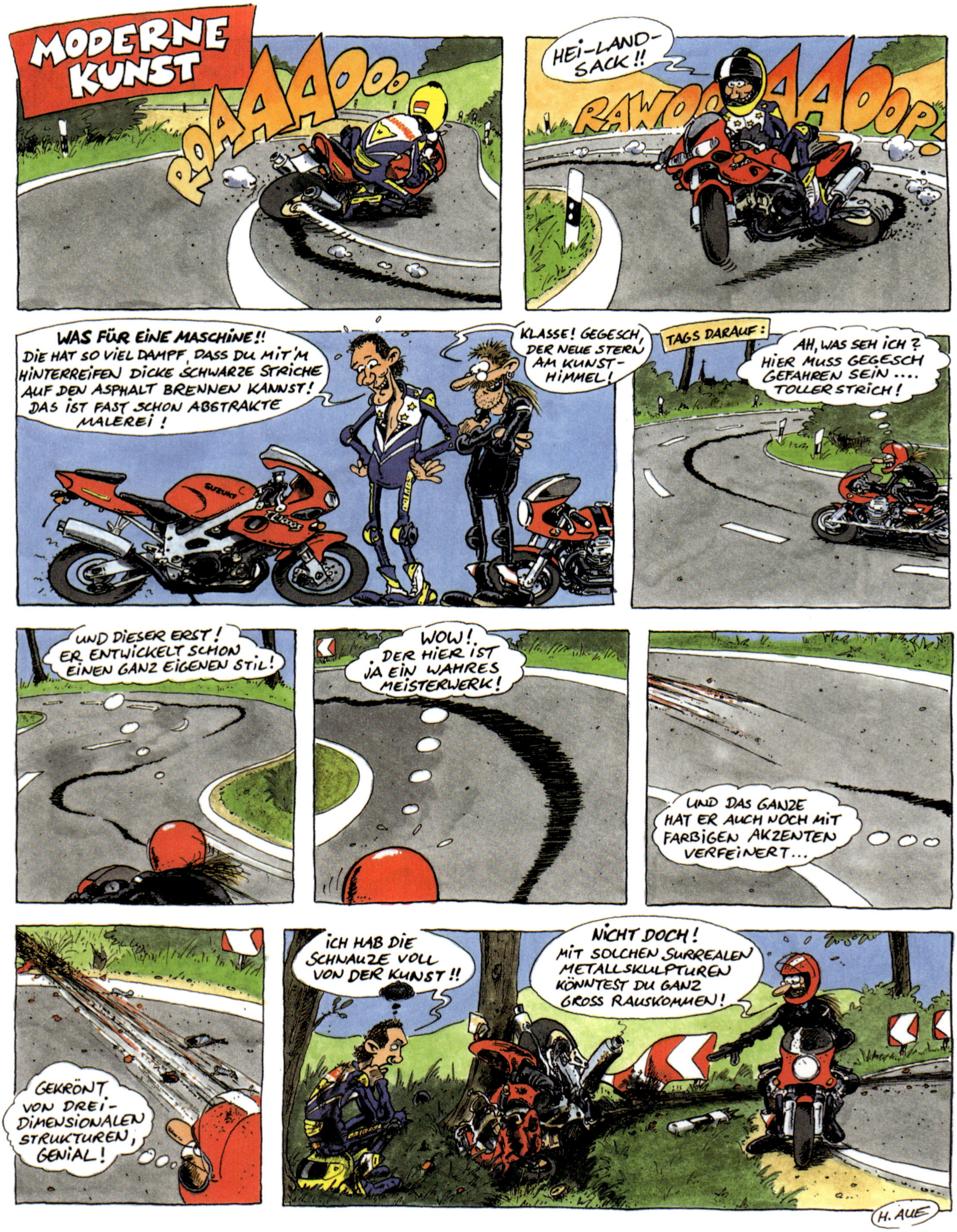
MODERNE KUNST
ROAAAAOOoo
HEI-LAND-SACK!!
RAWOOAAAOOP!
WAS FÜR EINE MASCHINE!! DIE HAT SO VIEL DAMPF, DASS DU MIT'M HINTERREIFEN DICKE SCHWARZE STRICHE AUF DEN ASPHALT BRENNEN KANNST! DAS IST FAST SCHON ABSTRAKTE MALEREI!
KLASSE! GEGESCH, DER NEUE STERN AM KUNST-HIMMEL!
TAGS DARAUF:
AH, WAS SEH ICH? HIER MUSS GEGESCH GEFAHREN SEIN.... TOLLER STRICH!
UND DIESER ERST! ER ENTWICKELT SCHON EINEN GANZ EIGENEN STIL!
WOW! DER HIER IST JA EIN WAHRES MEISTERWERK!
UND DAS GANZE HAT ER AUCH NOCH MIT FARBIGEN AKZENTEN VERFEINERT...
GEKRÖNT VON DREI-DIMENSIONALEN STRUKTUREN, GENIAL!
ICH HAB DIE SCHNAUZE VOLL VON DER KUNST!!
NICHT DOCH! MIT SOLCHEN SURREALEN METALLSKULPTUREN KÖNNTEST DU GANZ GROSS RAUSKOMMEN!
H. AUE

SACK UND ASCHE!

EIN BESONDERER TAG
RAA
NANU, WIESO GRÜSST DENN HEUTE JEDER? IS HEUT'N BESONDERER TAG?
BROO
BLOBLO
SOGAR DIE AUTOFAHRER GRÜSSEN! VIELLEICHT IS JA „HALLO PARTNER"-TAG!
BRAAT
ACH JETZT WEISS ICH: HEUTE IST TAG DES MOTORRADFAHRERS! ... ODER?
TACH AUCH!
POL
IRGENDSO'N TAG MUSS ABER SEIN: SELBST DIE SPAZIERGÄNGER DA VORNE WINKEN MIR ZU!
GÜLLE
NETTE LEUTE!
VROOOO
GLITSCH
EINS STEHT JEDENFALLS FEST: ES IST EIN SCHEISS-TAG!
H. AUE

H. AUE
DER SPORT-BIKER
WAS IST ANGESAGT? UND WAS IST PEINLICH...
ANGESAGT: REPLICA-HELME IM DESIGN BERÜHMTER RENNFAHRER PEINLICH: WENN DU DEN NAMEN DEINES HELDEN NICHT RICHTIG AUSSPRECHEN KANNST: „IS 'NE JOHN KOKASCHINSKI-REPLIKA!" ODER „LORIS CABANOSSI, RALF WALDMEISTER" ETC., HABEN WIR ALLES SCHON GEHÖRT!!
ANGESAGT: DIE MASCHINE MUSS IMMER DAS NEUESTE MODELL SEIN, MIT SO'M URALT-SCHROTT VOM LETZTEN JAHR BIST DU SOFORT DER LOSER! PEINLICH: WENN DER TYP AUF DER 350er MORINI DICH GNADENLOS ABHÄNGT, SOBALD ES KURVIG WIRD!
ANGESAGT: MÖGLICHST COOLER ODER ENTSCHLOSSENER GESICHTSAUSDRUCK (RACE FACE) PEINLICH: WENN ALLE LACHEN, NUR DU NICHT! (WORÜBER LACHEN DIE??)
ANGESAGT: SCHWARZES VISIER, AM BESTEN AUCH NOCH VERSPIEGELT. PEINLICH: WENN DU IM DUNKELN VON EINEM FIAT PANDA ÜBERHOLT WIRST, WEIL DU NICHTS MEHR SEHEN KANNST!
ANGESAGT: STARTNUMMERN SEHEN IMMER WICHTIG AUS! PEINLICH: WENN DU DIE No. 1 AUF DEM HÖCKER HAST UND IMMER ALS LETZTER ANKOMMST.
ANGESAGT: KNALLENGE RENNKOMBI, AM BESTEN NATÜRLICH WIEDER ALS REPLICA. PEINLICH: WENN DU GANZ DRINGEND AUFS KLO MUSST.
ANGESAGT: JEDE MENGE CARBONTEILE. PEINLICH: WENN DU SELBER 120 KILO WIEGST, DU FEISTE QUALLE!
ZEIGEFINGER: DARF NIEMALS IN DER NASE STECKEN!
ANGESAGT: KNIESCHLEIFER PEINLICH: WENN DU SIE NIE AUCH NUR IN DIE NÄHE DES ASPHALTS BRINGST, AUSSER BEI EINEM STURZ.
ANGESAGT: MEGA-BREMSANLAGEN VOM ALLERFEINSTEN, AM LIEBSTEN MIT 10-KOLBEN-ZANGEN PEINLICH: WENN DEINE BREMSBELÄGE NACH 1000 Km RUNTER SIND, DEIN HINTERREIFEN ABER 20000 HÄLT!
ANGESAGT: MÖGLICHST VIELE SPONSORAUFKLEBER. PEINLICH: WENN DIE SPONSOREN IHR GELD LIEBER ALS KLOPAPIER BENUTZEN, ALS AUSGERECHNET DICH DAMIT ZU UNTERSTÜTZEN!
ANGESAGT: SUPERBREITE HINTERREIFEN IN RACING-MISCHUNG. PEINLICH: 4 CM BREITE UNBENUTZTE ANGSTSTREIFEN AN DEN FLANKEN
STIEFELSCHLEIFER: DITO!
DIE GASHAND: DEN ECHTEN SPORTFAHRER ERKENNT MAN AN DER DIGITALEN RECHTEN HAND: SIE KENNT NUR ZWEI STELLUNGEN: ZU UND GANZ AUF!

SET-UP
IHR HABT ABER GEILE MASCHINEN. ECHT COOL, EY!
DUCATI
2 TAKT MIX
WO SOLLS DENN HINGEHEN?
ZUM KARBUNKELRING, DA IS HEUTE'N MOTORRAD-RENNEN!
COOL! DA FAHR ICH AUCH HIN!
SCHREIB MAL NE KARTE, WENN DU DA BIST, HAR, HAR!
HMM... MUSS GLEICH ERSTMAL DAS FAHRWERK AUF DIE STRECKE ABSTIMMEN!
...IRGENDWIE STIMMT MEIN SET-UP NOCH NICHT SO RICHTIG...
ICH DREH MAL DIE ZUGSTUFEN-DÄMPFUNG 3 KLICKS WEITER ZU...
ICH STELL DAS HECK EIN IDEECHEN HÖHER!
NIIIEK
HMM-HMM... VORNE HAUT IRGENDWAS NOCH NICH HIN...
HMMM... HINTEN HAUT IRGENDWAS NOCH NICH HIN....
VIELLEICHT 5 KLICKS WENIGER DRUCKSTUFE...
...MAL DIE FEDERVORSPANNUNG ERHÖHEN... GNNÄCHZ!
KNARZ!
JETZT KOMMT DIE SONNE RAUS! DAS BRINGT DAS GANZE SET-UP DURCHEINANDER...
BISSCHEN WENIGER LUFTDRUCK, WAS?
JO! ZWOZWO, ZWOFÜNF DÜRFTEN GUT SEIN...
PFFFFT
PFFFZ
NOCH EINIGE BOXENSTOPPS WEITER...
MIT ETWAS MEHR NEGATIVFEDERWEG KÖNNT' MAN VIELLEICHT NOCH WAS RAUSHOLEN...
...UND WENN ICH DIE GABEL 'N TICK WEITER DURCHSCHIEBE?
ZUM SCHLUSS HATS GANZ GUT GEPASST!
BEI MIR AUCH!
KARBUNKEL
ICH SAGS JA: NUR MIT DEM RICHTIGEN SET-UP KANN MAN WIRKLICH SCHNELL SEIN!
GENAU! JETZT HABEN WIR FÜR DIE STRECKE 2 STUNDEN GEBRAUCHT, DAS MACHT EINEN SCHNITT VON...
HALLO JUNGS!
EEN ET-ET- EEN
HEY, 'N SCHNITT VON 26! COOL! DAS IS' MEIN PERSÖNLICHER REKORD!
H. AUE

DER
SOFT-CHOPPER-FAHRER
WAS IST ANGESAGT?
...UND WAS IST PEINLICH?
SOFTCHOPPER SIND ANGESAGT. ... WARUM?
- EIN RICHTIGER CHOPPER IST HART UND UNBEQUEM, EIN ABSOLUTES EINZELSTÜCK UND MUSS SELBSTGEBAUT SEIN.
- EIN ECHTER CHOPPERFAHRER IST IMMER EIN KNALLHARTER BURSCHE UND MUSS NACH BENZIN, ÖL, SCHWEISS, BIER UND SPERMA RIECHEN!
WAS TUST DU ALSO, WENN DU AUCH MAL SO EIN OUTLAW SEIN WILLST (ABER NUR NACH FEIERABEND UND AUCH NICHT ZU DOLL), VON TECHNIK KEINE AHNUNG UND NOCH DAZU ZWEI LINKE HÄNDE HAST?
DU KAUFST DIR EINEN SOFT-CHOPPER!
PEINLICH: WENN DIR AUF JEDER FAHRT DUTZENDWEISE ANDERE TEILZEIT-PETERFONDAS BEGEGNEN, UND IHRE MOTORRÄDER ALLE GENAU WIE DEINS AUSSEHEN!
ANGESAGT: POLICE-HELME. PEINLICH: DU WOLLTEST DOCH EIGENTLICH DEN GESETZLOSEN RAUSHÄNGEN LASSEN. WIESO VERKLEIDEST DU DICH DANN ALS POLIZIST?
ANGESAGT: HANDSCHUHE MIT LOCHDESIGN UND ABGESCHNITTENEN FINGERN PEINLICH: DIE DINGER KÖNNEN EIGENTLICH NUR EINEN EINZIGEN SINN HABEN: MAN KANN DAMIT PRIMA IN DER NASE BOHREN!
ANGESAGT: FRANSEN UND SCHNÜRE AN DEN KLAMOTTEN UND ÜBERALL AN DER MASCHINE. PEINLICH: WENN DU DICH BEIM ABSTEIGEN VOR DER EISDIELE IN DEINEM GANZEN STRIPPENGEBAMSEL VERHEDDERST UND SAMT MOTORRAD SCHEPPERND ZU BODEN GEHST!
ANGESAGT: SCHWARZES LEDER MIT NIETEN UND 800 REISSVERSCHLÜSSEN. DAMIT SIEHST DU WIE EIN RICHTIGER ROCKER AUS. PEINLICH: WENN DU BEIM UMZIEHEN IM BÜRO VERGESSEN HAST, DEN SCHLIPS ABZUNEHMEN!
ANGESAGT: DIE LEDERNE WERKZEUGROLLE PEINLICH: WENN SIE ENTWEDER LEER IST ODER NUR STAUBTÜCHER UND CHROMPOLITUR ENTHÄLT.
ANGESAGT: EINE „SISSYBAR" IST ABSOLUT PFLICHT! PEINLICH: SISSYBAR BEDEUTET WÖRTLICH ÜBERSETZT „WEICHLINGS-STANGE"!
ANGESAGT: MÖGLICHST VIEL CHROMZIERAT. UM DEINE MÜHLE ETWAS INDIVIDUELLER ZU GESTALTEN, SCHMÜCKST DU SIE MIT UNMENGEN VON CHROMBLENDEN, -KAPPEN UND ZIERGRILLS, ADLER-EMBLEMEN, „LIVE TO RIDE"-PLAKETTEN UND SONSTIGEM SCHNICKSCHNACK. PEINLICH: WENN DU SOVIEL KOHLE FÜR DEN GANZEN PLUNDER AUSGEGEBEN HAST, DASS DU DIR AUCH GLEICH 'NE HARLEY HÄTTEST KAUFEN KÖNNEN. ABER DIE WAR DIR JA ZU TEUER...
ANGESAGT: DIE FEDERBEINE MÜSSEN SCHÖN HART SEIN, DENN EIN ECHTER CHOPPER HAT SCHLIESSLICH GAR KEINE HINTERRADFEDERUNG! PEINLICH: WENN DIE KISTE HINTEN BOCKT WIE EIN WILDER BRONCO UND TROTZDEM AB 80 Km/h EIERT UND WACKELT WIE EIN LÄMMERSCHWANZ! GLÜCKWUNSCH AN DIE KONSTRUKTEURE: DAS MUSS MAN ERSTMAL HINKRIEGEN!
ANGESAGT: DAS MOTORRAD MUSS IMMER PERFEKT AUF HOCHGLANZ POLIERT SEIN. PEINLICH: WENN DU BEIM MOTORRADTREFF VON JEDEM AUF DEN SCHMIERFLECK HINGEWIESEN WIRST, DEN DU ÜBERSEHEN HAST, UND AUSGERECHNET HEUTE KEINEN PUTZLAPPEN DABEI HAST. DER TAG IST IM EIMER!!
H. AUE

JAPANSCHROTT! DAS TAUGT DOCH ALLES NIX! KEIN SOUND, KEIN CHARAKTER, ALLES GLATT UND WEICHGESPÜLT, BAH!
WHISSSSSSSSSS
DAS IS DOCH WAS FÜR WARMDUSCHER UND SITZPINKLER! SCHNÖDE GROßSERIENTECHNIK, DAS HAT EINFACH NICHTS!! NEE NEE, ICH FAHR LIEBER ITALIENER, DA WEISS MAN, WAS MAN HAT!
PURRRR
P
SO, WO KAM DAS TEIL JETZT HIN?
H. AUE

PUBERTÄT
DIE SPINNEN JA WOHL TOTAL!! GARANTIERT SO'N PAAR PUBERTIERENDE 18JÄHRIGE ROWDYS MIT 34 PS IN DEN PAPIEREN UND 140 PS AM HINTERRAD...
WUOOoo
DA SIND JA DIE BEIDEN! NA, DENEN WERD ICH WAS ERZÄHLEN!
IMBIS
FRRZ
HILF MIR MAL VOM BOCK!
HE, HÖRT MAL, IHR BEIDEN: IN DER KURVE DA EBEN, DAS WAR JA WOHL....
GEHTS?
ÄCHZ... DIE VERDAMMTE KÜNSTLICHE...
... HÜFTE!
OH, ÄH... ICH WOLLTE, ICH MEINE...
WAT IS?
ER MEINT DIE KURVE DA EEBEEN...!
ACH SO! JA, DAS WAR NICH SO DOLL, WAS?
FRÜHER HAM WIR DIE 20 km/h SCHNELLER GENOMMEN!
... GEHT EBEN ALLES NICH MEHR SO FIX!
JA, JA... MAN WIRD HALT RUHIGER MIT DEN JAHREN... KOMM, OTTO, ZEIT FÜR KAFFEE UND KUCHEN!
.. ABER NICH WIEDER KOKOSMAKRONEN, DIE KANN ICH NICHT MEHR BEISSEN!
H. AUE

RAUCHEN
GEFÄHRDET DIE GESUNDHEIT
PAUSE! MIST!... KEINE ZIPPEN MEHR!
MEIN LETZTER FÜNFER!
SCHNIPP
PLONG!
SO'N DRECK! WO IS DER SAUSACK?
STOCHER STOCHER
GNNN... DAS MUSS DOCH IRGENDWIE...
LAVERDA
AH... ICH FÜHL IHN!... ICH HAB IHN!!
ÄCHZ ... VERDAMMT! BIN DOCH AUCH REINGEKOMMEN... STÖHN!
ZIEH! ZERR!
TAG, ÄH... ICH HABE DA EIN GEWISSES PROBLEM...
NOTAUFNAHME
ARGH...
LAVERDA
NA KLASSE! DAS HÄTT ICH AUCH SELBER HINGEKRIEGT!
OP
WENIGSTENS KANN ICH JETZT ENDLICH EINE RAUCHEN!
ZIGARETTEN
SCHLUCK! WO IST DIE SCHACHTEL?
KLACK!
SIE MUSS SICH IRGENDWO VERKLEMMT HABEN!
MOMENT, DAS HABEN WIR GLEICH...
HALLO SCHWESTER! ES GIBT DA NOCH EIN WEITERES PROBLEM...
ZIGARETTEN
RUMS!
H. AUE

DER DUFT DER FREIHEIT
...HUNNERTPROZENTIG, ALTER, ICH SCHWÖRS DIR!
LOGEN!
ECHT?
MIEF
STINK
SNIF
SNIF
OH MANN, WENN MEINE KUTTE DOCH ERST SO SCHÖN RIECHEN WÜRDE...
SCHNAUZE MAL ALLE JETZT HIER, DER PRÄSI WILL WAS SAGEN!
GEE-NAU... HICK!
DER PRÄSI WILL SAGEN, DASS DER VORSTAND EINSTIMMIG BESCHLOSSEN HAT, UNSERN „RUSTY" VOM BIERHOLER ZUM OFFIZIELLEN CLUBMITGLIED ZU BEFÖRDERN!
PAADIE!
HER MIT DER KUTTE!
JO! RÜLPS!
DIE TRADITIONELLE ZEREMONIE NIMMT IHREN LAUF...
ALDER DU, HE HE!
JOHL!
GRÖL!
LASS MICH MAL, ICH HABN GUTEN!
SNORT!
ROTZ
SPLAT!
CLUBHAUS
WUO-WOWO-WUO
GEIL!
ROOAA-
BOUF!
BRAM BRA
PLADAPLOTPL
O.SCHEISEDANEBEN!
HA! TREFFER AUSSER ZWEITEN REIHE!
HUÄHÄ!
STRULL
WILLKOMMMNM IM CLUBÖARK!
DANKE PRÄSI, DANKE!!
STOLZ!
GEIL... HICK!... JETZ' BIN ICH 'N RICHTIGER MOTHERFUCKER... BZZZZZZ...
GEGEN MITTAG:
KLAUS-DIETER! LOS, AUFSTEHEN, ESSEN IS' FERTIG!
SCHÜTTEL
RÜTTEL!
MAMMAAA! WO IS MEINE KUTTE?
ACH, DU MEINST DIE OLLE JIENSWESTE? DIE IST HIER, FRISCH GEWASCHEN UND GEBÜGELT! SIEHT WIEDER RICHTIG ORDENTLICH AUS, WAS?
JUNG! WAS ISN LOS? SAG DOCH WAS!
H. AUE

NACH „SCHEISSHAUS IN FLAMMEN" UND „DER FAHRKARTENKONTROLLEUR KOMMT"
HIER NUN EINE WEITERE FOLGE DER REIHE

DIE SEKUNDE VOR DER KATASTROPHE

UNTERWEGS IM NAMEN DES HERRN
MIST! JEDES JAHR AN WEIHNACHTEN LEG' ICH MICH AUF DIE FRESSE!
PROT PROOOT POTT POT
OH, DER HERR PASTOR! SIE SCHICKT MIR DER HIMMEL!
NATÜRLICH! WER DENN SONST? STEIG EIN, MEIN SOHN!
SCHLUCK! FAHREN WIR NICHT EIN BISSCHEN ZU SCHNELL?
KEINE ANGST, MEIN SOHN, JESUS FÄHRT MIT UNS!
WIR MÜSSEN UNS EIN WENIG SPUTEN, SOHN, DAMIT ICH NOCH RECHTZEITIG MEINE WEIHNACHTSPREDIGT HALTEN KANN. BIN SPÄT DRAN! WIR NEHMEN DIE ABKÜRZUNG DURCH DEN WALD...
WO FAHREN WIR DENN HIN? ICH SEH ÜBERHAUPT NICHTS!
HAB VERTRAUEN, SOHN! JESUS WEIST UNS DEN RECHTEN WEG!
6 VOLT
RÖÖH DENG DENG
HALLELUJA, DAS WAR KNAPP! ABER SEI BERUHIGT: JESUS...
...LENKT MIT, JAJA...
HUUUP!
DRIFT
ACH DU HEILIGE SCH....
PROOEEEEE
TEUFEL AUCH! WIE KONNTE DAS PASSIEREN?
KEIN WUNDER: JESUS HAT DOCH ÜBERHAUPT KEINEN FÜHRERSCHEIN!!

FEUER FREI!
MÖÖNSCH HARRY, DU HAST JA ORDENTLICH EINGEKAUFT, DU!
DIE RAKETEN GABS IM SONDER-ANGEBOT. DA HAB ICH GLEICH ALLE GENOMMEN, GUT, WAS?
DÖLLER KRACHER KNALLER PERSHING • SS 20 • PIEPMANSCHER •
WILLI, DIES' JAHR MACH ICH'N RIESENFEUERWERK, DAS WIRDN KNALLER, ICH SCHWÖRS DIR!
LAVERDA
750
MIST, SIE SPRINGT NICHT AN! VIELLEICHT IS' IRGENDWAS NASS GEWORDEN, ZÜNDUNG ODER VERGASER...
WIWIWI
SPOTZ
WIWI
WIWIWI WIWI
DA GIBTS NUR EINS: FEHLER-SUCHE MIT SYSTEM! DAS HEISST, ICH FANG EINFACH IRGENDWO AN... MAL KUCKEN, OB DA NOCH'N ZÜNDFUNKE FUNKEN TUT...
PLOP
BRITZ!
FSSSS
ZZWOOSCH
POUF!
DIE ZÜNDUNG GEHT ANSCHEINEND, DA MUSS WAS ANDERES KAPUTT SEIN!
H. AUE

WIR REDEN
BENZIN
... AUF DER ZIELGERADEN WAR ICH GENAU NEBEN IHM ABER DANN HAT DER SCHISSER SCHON BEIM 200 M-SCHILD GEBREMST...
UND ICH HAB IN DER VORLETZTEN RUNDE HINNERK AUSSENRUM ÜBERHOLT!
...UND ZACK, WAR ICH VORBEI!
PAH! ICH HATTE MICH BLOSS VERSCHALTET! NÄCHSTES MAL MACH ICH DICH NASS!
DAS GESEIER HÖREN WIR JETZT ZUM 35. MAL!
MINDESTENS!
DOCH, DOCH, DA GIBTS UNTERSCHIEDE! DIE WEICHEN KNIESCHLEIFER SIND FÜR ASSEN GUT, ABER WENN DU SO'N RAUHEN ASPHALT WIE IN TOR POZNAN HAST MUSST DU DIE HARTEN NEHMEN, WEIL...
ACH WAS?
KÖNNT IHR EUCH EIGENTLICH AUCH MAL ÜBER IRGENDWAS ANDERES UNTERHALTEN?
BITTE?
WAS?
NA LOGISCH KÖNNEN WIR DAS!
ÄH...
NEULICH HAB ICH IM KINO DEN NEUEN FILM VON DIESEM REGISSEUR GESEHEN... WIE HEISST ER NOCH GLEICH.... ...SCHANG-CLOOD DINGSBUMS... NA!...
ACH, DEN MIT DER BLONDEN SCHAUSPIELERIN MIT DEN GROSSEN... ICH KOMM JETZT NICH AUF DEN NAMEN... IS ABER'N SPITZEN-FILM!
VOR ALLEM DIE SZENE MIT DER VERFOLGUNGSJAGD!
JA, DIE IS GEIL! DA MUSST ICH AN UNSER LETZTES NÜRBURGRING-HAPPENING DENKEN...
GENAU! WO DIE 600 ER HONDA IN MEINEM ABGASSTRAHL VERGLÜHT IST!
UND WO ICH IN DER LINKSKURVE VOM ADENAUER FORST QUER DURCH DIE BOTANIK GERÄUBERT BIN...
DA HABEN WIR ALLES GEGEBEN... ALLES!
H. AUE!

KAMIKAZE 2
TAG AUCH! ICH BIN KNUT, DIE KAMIKAZE-WESPE!
MEINEN SELIGEN UROPA KUDDL HABT IHR JA SCHON IN BAND 1 KENNEN-GELERNT... TJA, UNSER LEBEN IST KURZ, ABER ERFÜLLT...
DARF ICH ÜBRIGENS VORSTELLEN: MEINE KOLLEGEN!
ANGENEHM!
WAS FÜR EIN TAG! WARM, SONNIG, UND JEDE MENGE MOTORRÄDER AUF DER STRASSE! DA IST NATÜRLICH NIX MIT FAUL IN DER GEGEND RUMFLATTERN, FÜR UNS HEISST DAS: GROSSEINSATZ!
GESCHWADERFÜHRER AN ALLE: 5 ZIELOBJEKTE IN SCHNELLER FAHRT AUS 12 UHR! AUF KAMPFFLUGHÖHE RUNTERGEHEN!
RROOOOOOOOOO
VORSICHT, VOLLVERKLEIDUNG! AUSWEICHMANÖVER FLIEGEN!
ACHTUNG INTEGRALHELM! ZIEHT DIE KISTEN HOCH! ...UPS! ARME SAU...
ARGH!
PATSCH
HAA! HABE LOHNENDES ZIEL DIREKT IM FADENKREUZ — ATTACKEE!
BONSAIII
AUAA!
BATSCH
KLATSCH
PITSCH
MATSCH
BÄH! WIESO IMMER ICH?
DIE HÄTTEN RUHIG MAL AUF MICH WARTEN KÖNNEN... WIR DICKEN SIND NUN MAL NICHT SO SCHNELL!
H. AUE

NEUES AUS DER BOXENGASSE
DAS TEAM VON GUNTBERT „BREMSKLOTZ" KOWALLEK, DEM LANGSAMSTEN RENNFAHRER DER WELT, HAT EIN GANZ EIGENES VERFAHREN ZUM MESSEN DER RUNDENZEITEN ENTWICKELT:
REISS AB, DA ISSER!
CIRCUIT DE BISCUIT
WEEENG DENG DENG DENGWEEEEE
LAP TIMER
AUGUST
2
SONNTAG
RAS!
P 75
+h.01.31
RECHTS IST
DAS GAS!
RUNDEN-ZEITEN:
198
HELP!
TEAM
HAUE

DES HARRYS NEUE KLEIDER

REIFEN-HEINI
HEUTE GROSSER BURN OUT-WETTBEWERB!
1. PREIS: 1 SATZ REIFEN
METZGER
Incontinental
MIESELIN
1 MINUTE 10, DAS SIEHT NACH EINER NEUEN BESTZEIT AUS!
MACH NOCH MAL SCHNELL'N NEUEN DRAUF, ICH WILL UNBEDINGT GEWINNEN!
AUA!
WHOOOOO
ICH GLAUB, JETZT IS MIR DER MOTOR GEPLATZT!
DAFÜR LAGST DU ABER BIS EBEN IN FÜHRUNG!
REIFEN HEINI
EKLI
ICH VERSUCHS NOCH MAL, HAB NOCH'N REST LACHGAS IN DER FLASCHE!
ANMELDUNG
BÜRO
SCHEFF, DIE 180er SIND ALLE!
VERKAUF DIE 190er ZUM GLEICHEN PREIS!
... AN EINEM TAG WIE HEUTE MUSS MAN AUCH MAL EIN OPFER BRINGEN KÖNNEN!
N2O
H. AUE

RD light
DER VORTEIL VON SO'M ZWEITAKTER IS JA DAS GERINGE GEWICHT! ABER IRGENDWIE IST MIR DIE KISTE IMMER NOCH ZU SCHWER... GRÜBEL, GRÜBEL...
HIER: ALU-DELTABOX-FAHRWERK ZU VERKAUFEN! DAS ISSES!
SECOND HAND BIKES
GESAGT, GETAN...
HMM... SOO VIEL LEICHTER IST DER JA AUCH NICHT! ABER DA KÖNNTE MAN DOCH ÜBERALL NOCH GEWICHT SPAREN...
JETZT MACH ICH NÄGEL MIT KÖPFEN! ICH WERD SIE ALLE VERSÄGEN MIT IHREN EISENHAUFEN!
WUIIIII
BOHR! FLEX! DREH! FRÄS
DUCS SCHRAUBER HÖHLE
GESCHLOSSEN
TOP SECRET
ZUTRITT VERBOTEN!
ER MACHT NICH AUF! MÖCHTE BLOSS WISSEN, WAS DER WIEDER VORHAT!
ER MEINTE NUR WIR SOLLEN UNS ALLE WARM ANZIEHEN!
NACH 2 WOCHEN:
100 KILO! WO SIND DIE JUNGS MIT DEN SUPERBIKES? ICH BRAUCHE OPFER!!
O MANN, ICH BIN SCHON TOTAL HEISS...
POK
KNARZ
KNIRSCH
... AUF DIE ERSTE PROBEFA...
BROCH!
ZIP
HE DUC, WAS HASTN DIE GANZE ZEIT DA DRIN GEMACHT?
OCH, NIX BESONDERES... MUSSTE NUR MAL ORDENTLICH AUSMISTEN!
H. AUE

LACKI EXPLORER
ALSO: KAMPFSPUREN BESEITIGEN, SPACHTELN UND LACKIEREN...
HMHMM...
...UND HIER KOMMT DER SCHRIFTZUG HIN: „HINNERKS CAGIVA"
BLÖDE IDEE
HMHMM...
DIE BUCHSTABEN SIND ALLE HIER IN DER MAPPE, SORTIERT IN DER RICHTIGEN REIHENFOLGE! ALLES KLAR?
ALLES KLAR!
SO, DER LACK IS' FERTIG, JETZT KOMMT DIE SCHRIFT...
HOPPLA!
MIST, VERDAMMTER! WAS SOLLTE DA JETZT NOCH DRAUFSTEHEN?
WAR DAS SO?
NNEE...
SO?
NNÄ!
SO VIELLEICHT?
QUATSCH!
...ODER SO...?
STUNDEN SPÄTER:
HA! JETZT HAB ICHS! SO GEHÖRT DAS! PUH!
...JA?... IS FERTIG? SPITZE, ICH KOMM GLEICH VORBEI!!
JAHAA, DA BISTE PLATT, WAS? SO SIEHT DIE ARBEIT VON EINEM FACHMANN AUS!
HINERCKS VAGINA
E. HUA

ERWISCHT
SCHEISSE...!
FFFFUIIIIIIII
TAG! INTERESSANTE MASCHINE FAHREN SIE DA!
SCHEII-SSEE! DER HAT AHNUNG!
WAS HABEN WIR DENN HIER ALLES? OFFENE VERGASER, SPEZIALAUSPUFF, LAUTER SELBSTGEBAUTE SACHEN.... MHM... MHM...
GESTERN ABEND BIN ICH ÜBRIGENS HINTER IHNEN HERGEFAHREN!... DIE KURVENSTRECKE UNTEN AN DER ELBE... WAR JA'N ZÜGIGES TEMPO, MEIN LIEBER!
SCHLUCK! DAS WARS DANN WOHL! SCH...
ABER ICH WAR IMMER HINTEN DRAN...
SCHEI...
UND ICH HATTE NOCH WAS DRIN!
... BITTE? JETZT SPINNT ER ABER!
... DAMIT?
QUATSCH, MIT DEM EISENHAUFEN DOCH NICHT! MIT MEINER PRIVATEN ELFHUNDERTER!
POLIZEI
... HAB ICH ZUM STREETFIGHTER UMGEBAUT! HIER, ICH HAB EIN FOTO DABEI!
GEIL!
ICH HEISS' ÜBRIGENS DIETER! ... TASSE KAFFEE?
GERNE!
SPÄTER:
... UND MIT EIN PAAR ÄNDERUNGEN MÜSSTE DER MOO ER SUZUKI-MOTOR AUCH IN DEIN FAHRWERK PASSEN!
KANN ICH NICHT MACHEN, ICH HAB 'N KAWASAKI-TATTOO!
O VERDAMMT, DA HINTEN KOMMT MEIN CHEF!
HÄ-ÄHEM!... DAS NÄCHSTE MAL HABEN WIR DANN ABER'N VORSCHRIFTSMÄSSIGEN SPRITZSCHUTZ DRAN, KLAR?
JA, ICH VERSPRECH'S, HERR KRIMINALRAT!
VORBILDLICH, MEIER, VORBILDLICH! NUR NICHTS DURCHGEHEN LASSEN!
H. AUE

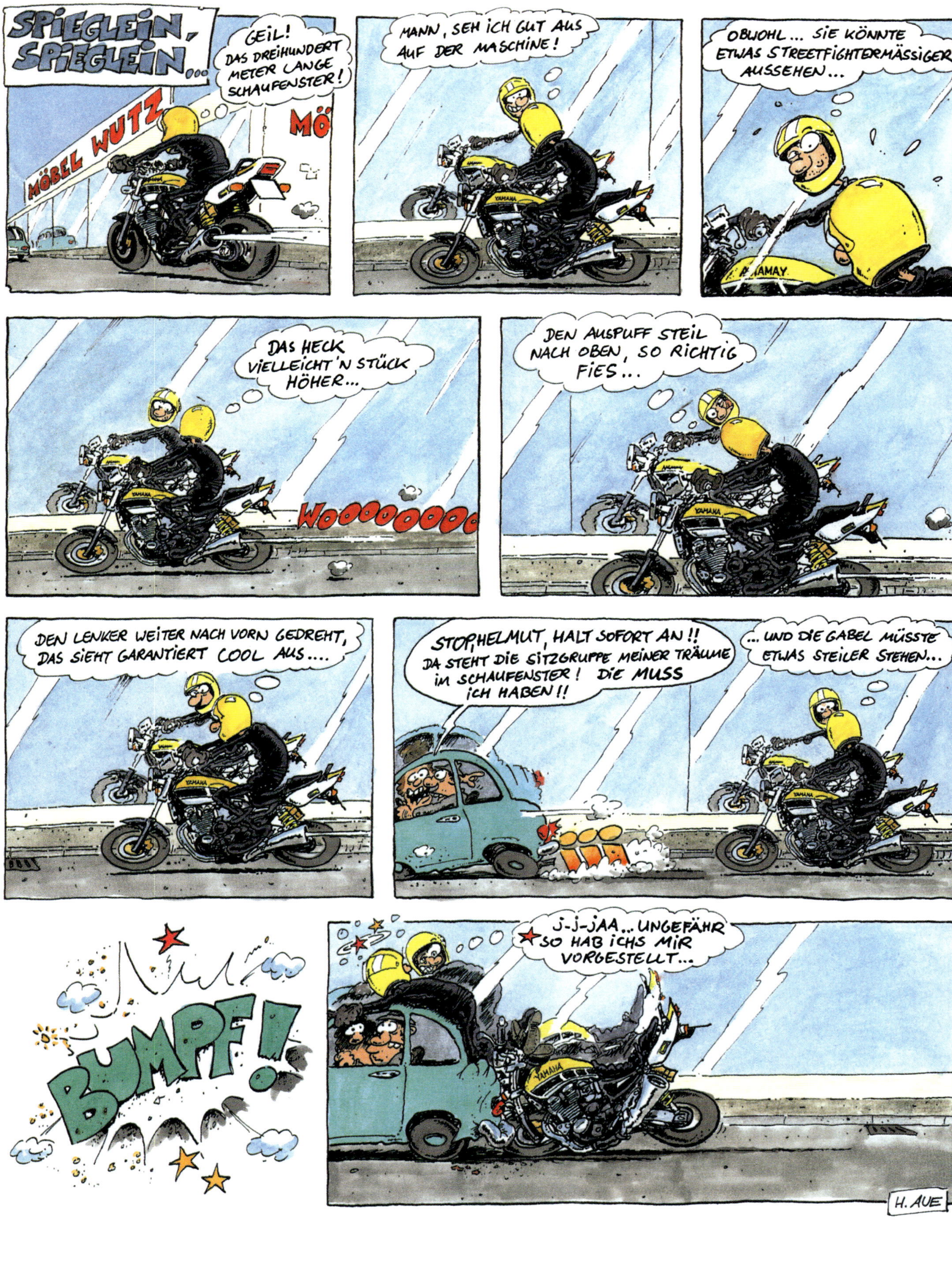
SPIEGLEIN, SPIEGLEIN...
GEIL! DAS DREIHUNDERT METER LANGE SCHAUFENSTER!
MÖBEL WUTZ
MÖ
MANN, SEH ICH GUT AUS AUF DER MASCHINE!
OBWOHL... SIE KÖNNTE ETWAS STREETFIGHTERMÄSSIGER AUSSEHEN...
DAS HECK VIELLEICHT 'N STÜCK HÖHER...
WOOOOOOOO
DEN AUSPUFF STEIL NACH OBEN, SO RICHTIG FIES...
DEN LENKER WEITER NACH VORN GEDREHT, DAS SIEHT GARANTIERT COOL AUS....
STOP, HELMUT, HALT SOFORT AN!! DA STEHT DIE SITZGRUPPE MEINER TRÄUME IM SCHAUFENSTER! DIE MUSS ICH HABEN!!
... UND DIE GABEL MÜSSTE ETWAS STEILER STEHEN...
BUMPF!
J-J-JAA... UNGEFÄHR SO HAB ICHS MIR VORGESTELLT...
H. AUE

DER GROSSE BESCHISS
NEIN!
ROAAA-A-A-BOUM!
WIE KONNTE DAS PASSIEREN? ICH HAB DOCH ERST NEULICH DAS ÖL GEWECHSELT UND NE GROSSE INSPEKTION GEMACHT.... KANN HÖCHSTENS 3 JAHRE HER SEIN...! MIST!! UND NATÜRLICH HAB ICH WIEDER MAL NULL KOHLE!
HMM.. UND WENN ICH SIE ALS GEKLAUT MELDE..? WOZU HAB ICH SCHLIESSLICH VERSICHERUNGSBEITRÄGE GEZAHLT! MÜSSTE DIE KARRE NUR IRGENDWO GUT VERSTECKEN... JAA... GENAUSO MACH ICHS!
TEUFLISCHER PLAN
IN DIESEM STILLGELEGTEN GRABEN FINDET DICH GARANTIERT KEINER! UND WENN DIE VERSICHERUNG GEZAHLT HAT, HOL ICH DICH WIEDER AB!
... SIE IS MIR QUASI UNTERM ARSCH WEGGEKLAUT WORDEN!! UND DABEI WAR SIE DOCH SO EIN SCHMUCKSTÜCK, TOP-GEPFLEGT, ES WAR PRAKTISCH ALLES NEU UND ÜBERHAUPT... JAMMER!.... WINSEL!.... HERZELEID!!
KOMM ZUR POLIZEI
WOCHEN SPÄTER
AAH, POST VON DER VERSICHERUNG!! "SEHR GEEHRTER HERR QUIDDELBACHER, ... BLA BLA BLA BLA.... ERGIBT SICH FÜR IHR KRAD EIN ZEITWERT VON .... DM 20!!? .... ERLAUBEN WIR UNS EINE BEARBEITUNGSGEBÜHR IN HÖHE VON DM 19,80 ZU BERECHNEN...
SCHLUCK!
20 MARK!! UNVERSCHÄMTHEIT! SOVIEL HAB ICH JA SCHON FÜR DEN GEBRAUCHTEN HINTERREIFEN BEZAHLT! GRUMMEL...
AH, DA VORNE RECHTS IN DEN FELDWEG REIN, DA ISSES!
LAVERDA
WIR BAUEN FÜR SIE: AUTOBAHN HAMBURG-CUXHAVEN
MEIN GRABEN!!
EMPTY
H. AUE

HERR DER RINGE

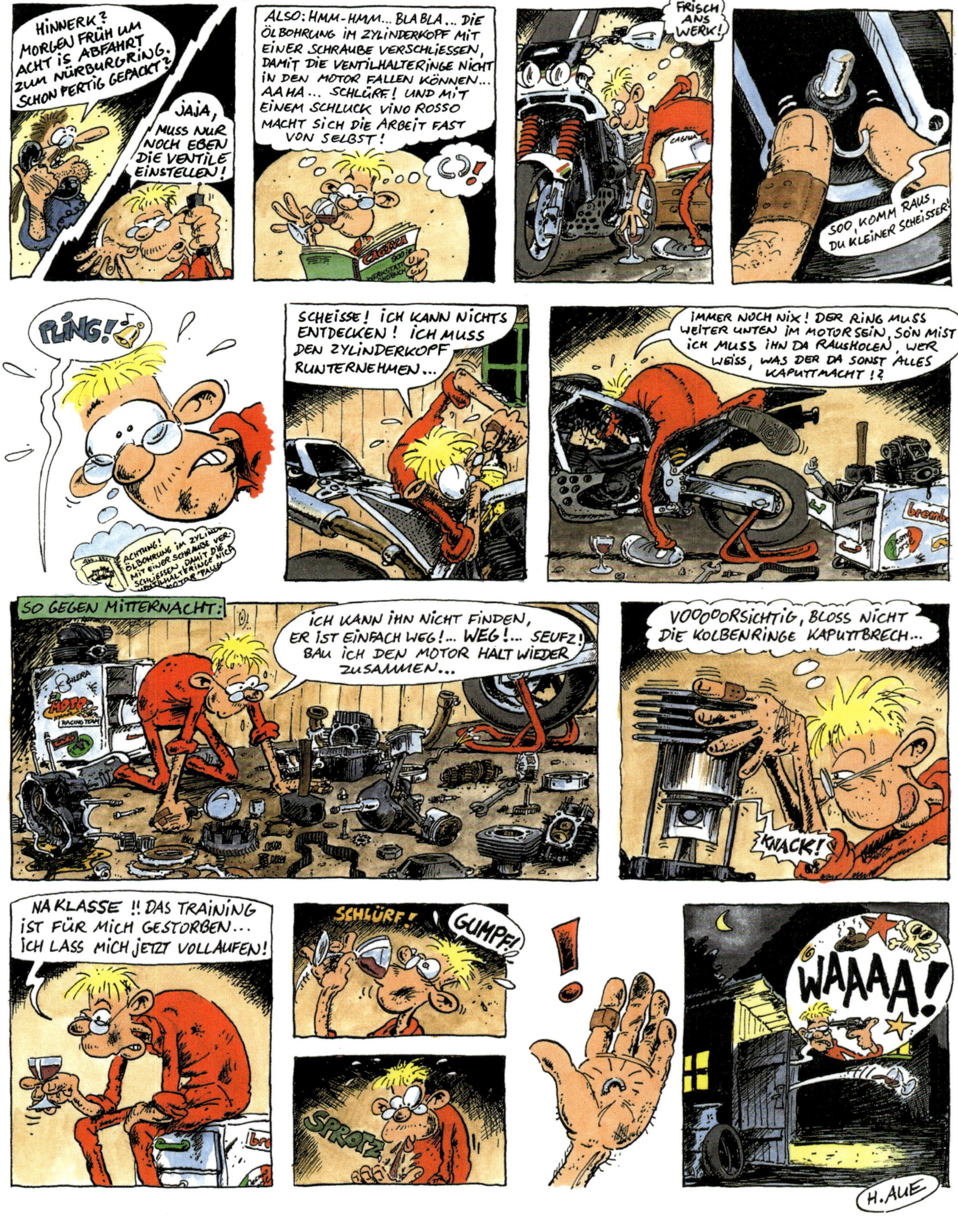

TARNEN, TÄUSCHEN & VERPISSEN
AH, DA KOMMT WIEDER EINER...
ROOOOO
70
DER HAT MINDESTENS 200 KLAMOTTEN DRAUF, DER IST FÄLLIG! NANU, JETZT BREMST ER... SPIELVERDERBER!
ICH MUSS DAS GERÄT BESSER TARNEN!
ROBROOOOOOOO
WOZU WAR ICH SCHLIESSLICH MAL BEI DER BUNDESWEHR...
UI, DER IST SCHNELL! NU ABER FIX!! NA WARTE, MEIN JUNGE, GLEICH KOMMT DAS VÖGELCHEN, GNEHEHE!
WUAAA
WAS DENN, DER NIMMT AUCH GAS WEG... DAS GIBTS DOCH GAR NICHT...
??
AAAAH!
WAS FÜR EINE WOHLTAT!
MIST!
WHOOOSH
BLITZ!
GRR, SO NE SAUEREI! NA, WENIGSTENS DEN EINEN RASER HAB ICH ERWISCHT!
SPÄTER, IM REVIER:
WAS' LOS, BRÖTZKE, SIND DEINE RADARFOTOS NIX GEWORDEN?
DOCH, DOCH...
MEIN GOTT, WAS FÜR TYPEN HEUTZUTAGE IM STRASSENVERKEHR UNTERWEGS SIND...!
5.7. 10.20h 196 km/h
H. AUE

EIN PROFI
HE, KUCKT MAL LEUTE, HAB'N ECHTES SCHNÄPPCHEN GEMACHT!
'N 180 ER HINTERRADSLICK! HAB ICH NUR 10 MARK FÜR BEZAHLT!
DER IS DOCH AUF DER RECHTEN SEITE VÖLLIG FERTIG!
...UND AUF DER STRECKE HIER GIBTS FAST NUR RECHTSKURVEN!
NA UND? LINKS ISSER DOCH NOCH WIE NEU! ZIEH ICH IHN EBEN ANDERSRUM AUF, DANN PASSTS WIEDER...
BOH, KUCKT EUCH DEN AN!!
MUSS'N PROFI SEIN...
BROBROBROBRO
'N BISSCHEN TIEFER, BABSI!
WAS FÜR EINE AUSRÜSTUNG!
DA MÜSSEN WIR UNS WOHL WARM ANZIEHEN!
UND WIEVIEL REIFEN DER MITHAT...
AM NÄCHSTEN MORGEN:
2.15.24!
MEIN HELD!!
ACH DU SCHEISSE!

TEIL 2
IRGENDWIE STIMMT DAS SET-UP NOCH NICHT, CHARLIE!
WO HAST DU DENN PROBLEME?
AUF DER GERADEN!... UND IN DEN KURVEN... UND BEIM BREMSEN... UND BEIM GASGEBEN...
DIE SCHIKANE! DA VERLIER ICH GLAUB ICH IMMER'N PAAR ZEHNTEL... ICH BREMS MAL SO SPÄT WIE'S IRGENDWIE GEHT!...
...JETZT!
HAST DU GESEHEN, WIE LANGSAM DER WAR?
WART MAL AB, DER FÄHRT BESTIMMT NUR SEINE REIFEN EIN...
CHARLIE, HAST DU DIE DATA-RECORDING-AUSDRUCKE SCHON ANALYSIERT? ICH VERMUTE, DIE VERGASER MÜSSEN FETTER BEDÜST WERDEN... MACH DAS MAL, ICH FAHR DAS NÄCHSTE TRAINING MIT DER ERSATZMASCHINE!
...IST SCHON IN ARBEIT!
QUIEK QUIEK QUIEK
ICH GLAUB, JETZT WAR ICH SCHNELLER!
JA, ZWEI HUNDERTSTEL!
ICH GEH NOCHMAL MIT FRISCHEN REIFEN RAUS!...
OKAY, WENN DU MEINST...
ER IST ZWEITLANGSAMSTER!
...NUR DAS PACE-CAR IST LANGSAMER...
DIE STRECKE IST DOCH SCHEISSE... VIEL ZU SCHMAL!
ROOA
CHARLIE, WIR MÜSSEN WAS TUN! DA SIND NOCH EINER ODER ZWEI DABEI, DIE SCHNELLER SIND ALS ICH!
PÖN!
TJA, ICH GLAUBE, DIE HABEN DEINEN SCHWACHEN PUNKT ENTDECKT!
...UND DER WÄRE?
MOTORRAD-FAHREN!
HALLO, ICH BIN DIE BABSI!
MOIN!
H. AUE

WIGWAM
WO ISN DER KOCHPOTT?
DAFÜR WAR KEIN PLATZ MEHR!
OHA, WAS KOMMT'N DA?
KAMPFSTERN GALACTICA!
HALLIHALLO! NA, WENN DAS NICHT DAS IDEALE PLÄTZCHEN FÜR MEINEN KLEINEN WIGWAM IST!
HACH, ES GEHT DOCH NICHTS ÜBER'S ZELTEN! MOTORRAD-FAHREN UND CAMPING, DAS GEHÖRT EINFACH ZUSAMMEN!
IMMER AM BUSEN DER NATUR SEIN, MIT DEM ALLER-NÖTIGSTEN AUSKOMMEN UND DEM KONSUMTERROR ENTFLIEHEN, DAS IST DAS WAHRE LEBEN!
EIN PAAR KLEINE ANNEHMLICHKEITEN GÖNNT MAN SICH NATÜRLICH, SCHLIESSLICH HAT MAN JA URLAUB!
CLING
CLANG
KLITTER
FERTIG!
AAH, JETZT KUCK ICH IN RUHE DIE SPORTSCHAU UND ..... VERDAMMT! ICH HAB DIE FERNBEDIENUNG VERGESSEN! .... UND NU ?... NA, DER URLAUB FÄNGT JA PRIMA AN...!
DAS IST JETZT ABER EIN SCHWERER SCHLAG, WAS?
ACH NA JA, IST JA NUR FÜR EINEN TAG, MORGEN KOMMT MEINE FRAU MIT DEM AUTO, DIE BRINGT DAS GEPÄCK MIT!
H. AUE

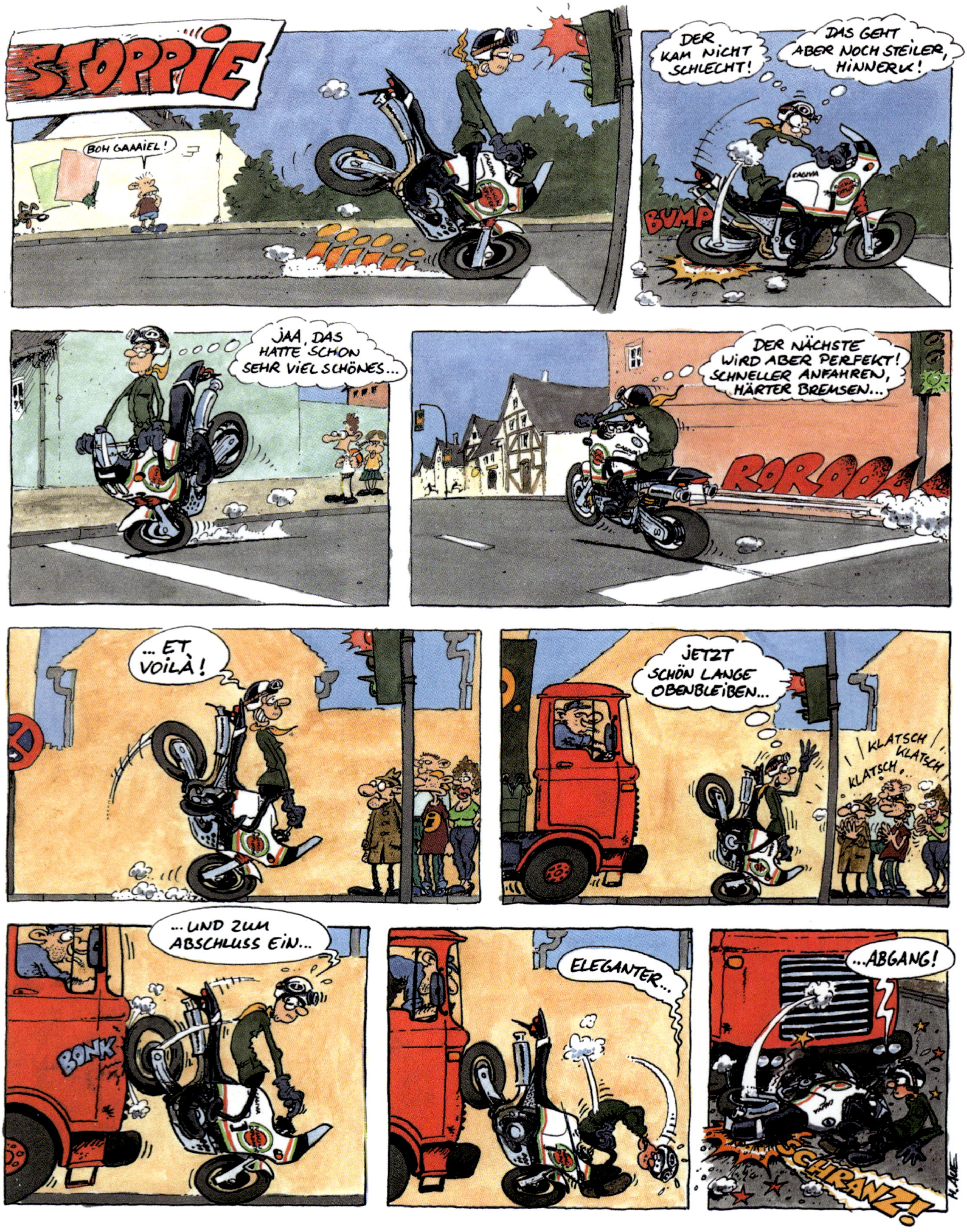
STOPPIE
BOH GAAAIEL!
DER KAM NICHT SCHLECHT!
DAS GEHT ABER NOCH STEILER, HINNERK!
BUMP
JAA, DAS HATTE SCHON SEHR VIEL SCHÖNES...
DER NÄCHSTE WIRD ABER PERFEKT! SCHNELLER ANFAHREN, HÄRTER BREMSEN...
... ET VOILÀ!
JETZT SCHÖN LANGE OBENBLEIBEN...
KLATSCH KLATSCH KLATSCH..
...UND ZUM ABSCHLUSS EIN...
BONK
ELEGANTER...
...ABGANG!
SCHRANZ!
H. AUE

ROOOO PAF TOKATOKATOKA CLACLACLACK POF KLÖTER KLÖTER CLANG CLANG KLAPPERKLAPPER
SCHNAUZE VOLL!
WAS IST DENN NU SCHON WIEDER LOS?
PANG! DACLANG POUF! KLAPPER KLAPPER POFF! KLÖTER KLÖTER SPOTZ
JETZT HAB ICH DIE SCHNAUZE VOLL! ICH VERKAUF DIE KISTE UND HOL MIR'N SCHÖNES NEUES MOTORRAD!!
ZACK!
HMM... MAL SEHEN, ALSO – LIEBHABERSTÜCK: LAVERDA 750 SF, BAUJAHR CA. 70–74 ODER SO... WENIG KILOMETER, SEHR GEPFLEGT, TÜV BIS... NEIN, DAS LASS ICH LIEBER WEG... UMSTÄNDEHALBER – JA, DAS IS IMMER GUT! UMSTÄNDEHALBER FÜR NUR DM...
AM SAMSTAG VORMITTAG, DIE ANNONCE IST IN DER ZEITUNG:
SO, BEVOR DER GROSSE ANDRANG LOSGEHT, WERD ICH SCHON MAL KUCKEN, WAS ICH MIR DANN KAUFE...
HOPPLA, DA FEHLT MIR JA NOCH'N HAUFEN KOHLE!... ABER HIER, DAS KLINGT DOCH GUT!
SHARK KREDITE SOFORT BARGELD DISKRET PER POST OHNE SICHERHEITEN!
AM SAMSTAG NACHMITTAG...
WIESO RUFT DENN KEIN SCHWEIN AN? NORMAL MÜSSTEN DIE LEUTE SICH UM DIE MASCHINE REISSEN!!
AH! ENDLICH! JETZT GEHTS LOS!
RING!
HALLO?... JA, DIE IS' NOCH DA. ...NOCH! ABER SIE MÜSSEN SICH BEEILEN, DA KOMMEN NACHHER NOCH FÜNF ANDERE INTERESSENTEN ...JA.... INNER HALBEN STUNDE... IS GUT... BIS GLEICH DANN!
SCHNELL NOCH NE BANANE INS GETRIEBE DRÜCKEN, DANN KLAPPERTS NICH SO DOLL!
SO SO, SECHS-FÜNF WILLSTE FÜR DIE MÖHRE, NA JA...
HEE...
KICK
TOPZUSTAND, WAS...?
DER AUSPUFF WAR NOCH SO GUT WIE NEU!
KLONK
ALSO, FÜR DREI NEHM ICH SIE GLEICH MIT, ICH HAB'N HÄNGER DABEI!
HMM... DREI MILLE, IMMERHIN...
GNIIIEK!
UND WAS MACHST DU DANN MIT IHR? SCHÖN RESTAURIEREN?
RESTAURIEREN? KEINE MÜDE MARK STECK ICH MEHR IN DEN ZOSSEN, EY! DIE SCHLACHTE ICH AUS!
ICH HABS EINFACH NICHT ÜBERS HERZ GEBRACHT... (SCHNEUZ!) ICH LIEBE DICH NUN MAL!!
..MÖCHTEST DU NOCH'N SCHLÜCKCHEN ÖL?
H. AUE

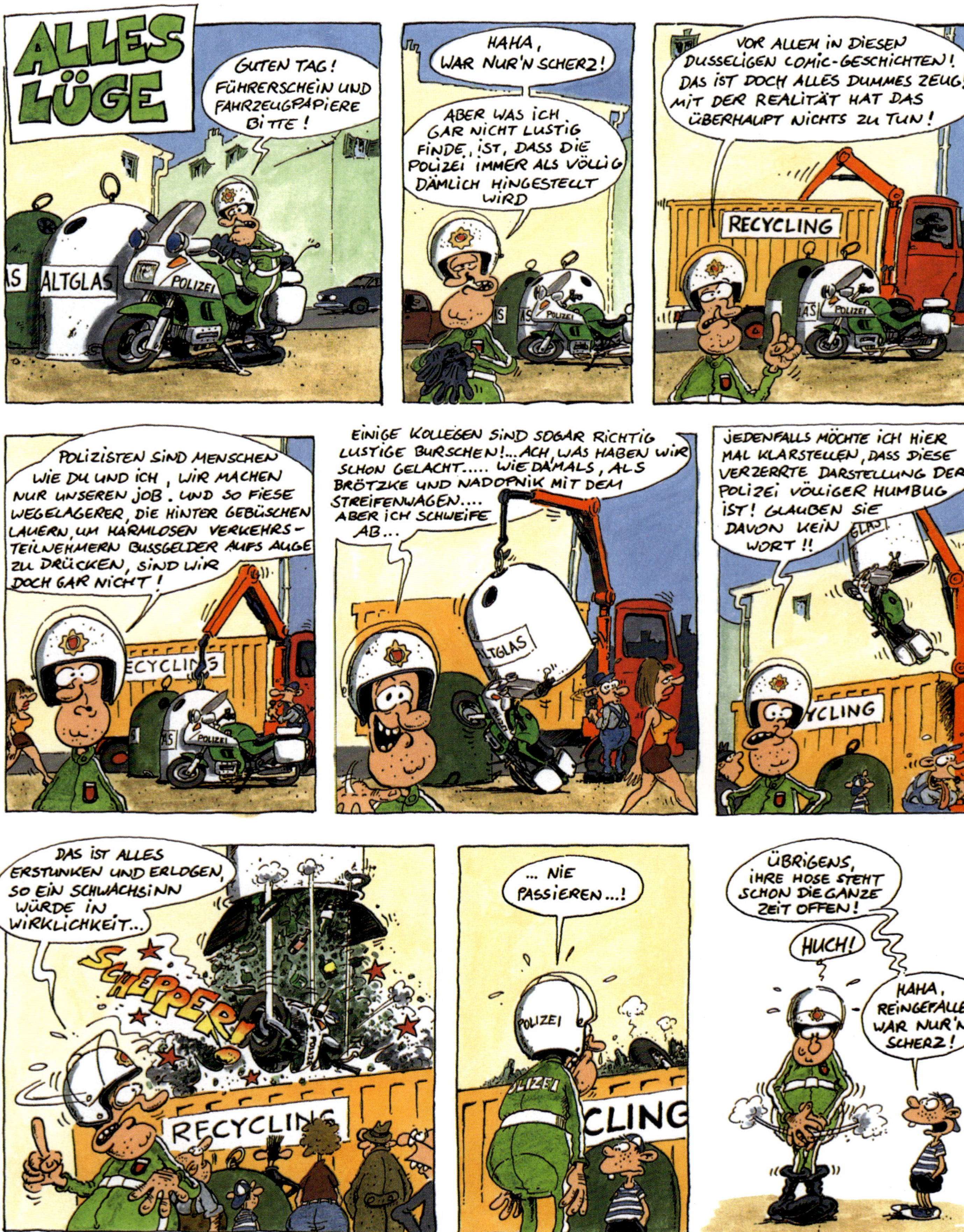
ALLES LÜGE
GUTEN TAG! FÜHRERSCHEIN UND FAHRZEUGPAPIERE BITTE!
ALTGLAS
POLIZEI
HAHA, WAR NUR'N SCHERZ!
ABER WAS ICH GAR NICHT LUSTIG FINDE, IST, DASS DIE POLIZEI IMMER ALS VÖLLIG DÄMLICH HINGESTELLT WIRD
VOR ALLEM IN DIESEN DUSSELIGEN COMIC-GESCHICHTEN! DAS IST DOCH ALLES DUMMES ZEUG! MIT DER REALITÄT HAT DAS ÜBERHAUPT NICHTS ZU TUN!
RECYCLING
POLIZISTEN SIND MENSCHEN WIE DU UND ICH, WIR MACHEN NUR UNSEREN JOB! UND SO FIESE WEGELAGERER, DIE HINTER GEBÜSCHEN LAUERN, UM HARMLOSEN VERKEHRSTEILNEHMERN BUSSGELDER AUFS AUGE ZU DRÜCKEN, SIND WIR DOCH GAR NICHT!
EINIGE KOLLEGEN SIND SOGAR RICHTIG LUSTIGE BURSCHEN!... ACH, WAS HABEN WIR SCHON GELACHT..... WIE DAMALS, ALS BRÖTZKE UND NADOPNIK MIT DEM STREIFENWAGEN.... ABER ICH SCHWEIFE AB...
ALTGLAS
JEDENFALLS MÖCHTE ICH HIER MAL KLARSTELLEN, DASS DIESE VERZERRTE DARSTELLUNG DER POLIZEI VÖLLIGER HUMBUG IST! GLAUBEN SIE DAVON KEIN WORT!!
DAS IST ALLES ERSTUNKEN UND ERLOGEN, SO EIN SCHWACHSINN WÜRDE IN WIRKLICHKEIT...
SCHEPPER!
RECYCLING
... NIE PASSIEREN...!
POLIZEI
CLING
ÜBRIGENS, IHRE HOSE STEHT SCHON DIE GANZE ZEIT OFFEN!
HUCH!
HAHA, REINGEFALLEN, WAR NUR'N SCHERZ!
H. AUE

G-GEILE IDEE, IM W-WINTER NACH NORWEGEN ZU F-FAHREN! (KLAPPER!!)
JA, WAS? DAS MUMUSS MAN UNBEDINGT MAL ERLEBT H-H-HABEN! (ZITTER!)
OGOTT, HÄTT ICH DOCH BLOSS NIE JA GESAGT! ICH MUSS KOMPLETT BESCHEUERT GEWESEN SEIN!!
SCHEIISSE, MIR FRIEREN DIE EIER AB! ICH WILL HEIM!!
ROO BROOO
KRISTALL-RALLYE 480 km
H.AUE

MOTOMANIACS AUFGEMERKT!
1a-POWER-T-SHIRTS MIT TÜV!
UNERHÖRT!
PFUI!
TÜV
DAS LEBEN IST ZU KURZ,
UM TÜV-GEPRÜFTE MOTORRÄDER ZU FAHREN!
10.
1.
ICH BIN ÜBER 30
BITTE HELFEN SIE MIR AUFS MOTORRAD!
MEINE KURVEN SIND DIE SCHÄRFSTEN!
9.
2.
ICH BIN ÜBER 40
BITTE HELFEN SIE MIR VOM MOTORRAD!
12.
SPÄTBREMSER
ROAAR
IST ES ZU LAUT, BIST DU ZU ALT!
11.
VOLLGAS!
8.
3.
ICH BIN ÜBER 50
BITTE BRINGEN SIE MICH ZU MEINEM MOTORRAD!
4 ZYLINDER
FÜR EIN HALLELUJA!
7.
4.
VERKEHRSSÜNDER
ICH WEISS, WIE ERDE SCHMECKT!
5.
LEISE IST SCHEISSE
6.

MOTO mania